edition
TRI

AF557633

Sama Maani

Warum uns der Iran nicht wurscht sein sollte – und Sigmund Freud und Robert Musil auch nicht

Essays, Interviews, literarische Betrachtungen

DRAVA

Die Herausgabe dieses Buches erfolgte mit freundlicher Unterstützung durch die Stadt Wien

Drava

DRAVA VERLAG • ZALOŽBA DRAVA GMBH
9020 Klagenfurt/Celovec, 8.-Mai-Straße 11
Telefon +43(0)463 501099
office@drava.at
www.drava.at

ISBN 978-3-99138-078-8

Inhalt

Warum uns der Iran nicht wurscht sein sollte

Einmal diskutierte ich mit einem Sozialpsychologen aus meinem linken Bekanntenkreis über die Begriffe „Islamophobie“ und „antimuslimischer Rassismus“, in denen sich aus meiner Sicht die Kategorien Rassismus, religiöser Hass und Religionskritik in falscher und fataler Weise vermischen. Ich wies darauf hin, dass die Herrschenden im Iran diese Begriffe verwenden, um Kritikerinnen und Kritiker mundtot zu machen, und erwähnte dabei auch den Kopftuchzwang. Mein Gesprächspartner reagierte mit den Worten: „Der Iran ist mir wurscht!“

In den „linken Kreisen“, in denen unser Sozialpsychologe verkehrt, kräht seit Jahren kein Hahn mehr nach dem Iran. Zwar scheint die Bereitschaft zu jener von Che Guevara „Zärtlichkeit der Völker“ genannten internationalen Solidarität, einst Grundprinzip von Linken jeder Couleur, heute generell aus der Mode gekommen zu sein. Allerdings steht die Empörung, die etwa den Menschenrechtsverletzungen in Saudi-Arabien (nicht nur seitens der Linken) zuteilwird, in erstaunlichem Gegensatz zum relativen Desinteresse, mit dem westliche Öffentlichkeiten auf die Proteste im November 2019 im Iran reagierten, bei denen in wenigen Tagen mehr als 1500 Menschen erschossen wurden.

Seit Beginn der Protestwelle, die, ausgelöst durch die Ermordung der iranischen Kurdin Jina (Mahsa) Amini durch die Sittenpolizei, über das Land rollt, steht der Iran nun im Zentrum des Interesses der Weltöffentlichkeit. Was bedeutet diese revolutionär anmutende Bewegung für uns? Und warum hätten die gesellschaftlichen Entwicklungen im Iran längst schon unsere Aufmerksamkeit verdient?

1979 betrat mit dem Sieg der Islamischen Revolution im Iran ein neuer Feind des Westens die Bühne der Weltpolitik: der sogenannte politische Islam. Damit hatte niemand gerechnet. Zuvor hatten die USA im Kampf gegen den Sowjetkommunismus im Gegenteil auf den „Faktor Islam“ gesetzt. Und dies – man denke an den Afghanistan-Krieg – durchaus mit Erfolg.

Nun könnten die Entwicklungen im Iran die Weltordnung ein weiteres Mal revolutionieren. Anfang 2021 berichtete Deutschlandfunk von einer repräsentativen Umfrage der niederländischen Universität Tilburg, an der an die 40.000 im Iran lebende Personen teilnahmen und die ergab, dass 70 Prozent aller Iranerinnen und Iraner sich nicht als schiitische Muslime betrachten.[1] Der schiitische Islam ist bekanntlich die Staatsreligion im Gottesstaat Iran. Diese und ähnliche – wenn auch in der Regel nicht so radikale – Befunde aus anderen islamisch geprägten Gesellschaften stehen im krassen Gegensatz zu unseren Grundannahmen über Menschen aus diesen Ländern. Grundannahmen, die auf der unausgesprochenen Vorstellung beruhen, der Islam sei eine Art Natureigenschaft dieser Menschen – und die die Voraussetzung für rechte Verschwörungstheorien wie jene vom „Großen Austausch“ bilden, wonach die Bevölkerung Europas nach und nach durch „Muslime“ ersetzt werden soll. Auf der anderen Seite sitzen aber auch viele Linke und Liberale, ohne es zu bemerken, der Vorstellung vom „Islam als Natureigenschaft“ auf. Jene, die das rechte Ressentiment gegen Menschen aus islamisch geprägten Ländern zwar zu Recht als rassistisch verurteilen, aber nicht verstehen, dass der neue Rassismus, wie es der linke Theoretiker Sami Alkayial beschreibt[2], gerade darin besteht, Individuen auf ihre (tatsächliche oder vermeintliche) Religion zu reduzieren. Und die – statt diese falsche, weil fixe Verknüpfung zu kritisieren – dem fatalen Missverständnis erliegen, es sei „antirassistisch“, eine Glaubenslehre zu verteidigen. Eine Haltung, die in falschen Begriffen wie „antimuslimischer Rassismus“ oder „Islamophobie“ zum Ausdruck kommt.

Bisher bestimmte diese „volle Identifizierung“ ganzer Gesellschaften mit dem Islam (neben sicherheitspolitischen und wirtschaftlichen Erwägungen) auch die europäische Außenpolitik gegenüber dem Iran. Denn: Solange politische Akteure in

Europa den Islam als Natureigenschaft der iranischen Gesellschaft betrachten („Das ist halt deren Kultur“), muss ihnen jeder gesellschaftliche Fortschritt, etwa in Richtung Frauenrechte oder Demokratie, ausschließlich innerhalb der Sphäre des Islam möglich scheinen, im Rahmen eines reformierten, „liberalen“ oder gar „feministischen“ Islam. Eine Sichtweise, die den – im Iran längst diskreditierten – systemtreuen Reformern zugutekam. Die Emanzipation der iranischen Gesellschaft von Religion schien einer solchen Sichtweise nicht einmal denkmöglich. Ein aufmerksamer Blick auf die Entwicklungen im Iran könnte nun helfen, diese Grundannahmen gründlich zu revidieren.

Realpolitisch hätte ein Erfolg der Protestbewegung, also der Sturz des Regimes, über den Iran hinaus weitgehende Folgen für die gesamte Region. Nicht nur die Gefahr, die von der drohenden atomaren Bewaffnung der Islamischen Republik für Israel ausgeht, wäre gebannt und ein regionales atomares Wettrüsten verhindert. Auch die Chancen auf einen dauerhaften Frieden im Nahen Osten würden sich signifikant erhöhen, hat doch das Regime, neben seiner Unterstützung antiisraelischer Terrorgruppen, bei fast allen regionalen Konflikten seine Hände im Spiel.

Über diese Perspektiven hinaus hat die feministische Revolution im Iran, eine von Frauen angeführte Revolution mit dem Ziel, sich selbst, aber auch die Männer zu befreien, das Potenzial, Weltgeschichte zu schreiben. Angesichts dieser Erfahrung ist man versucht, die von August Bebel in *Die Frau und der Sozialismus* vertretene These, wonach die Befreiung der Frauen erst in einer gänzlich emanzipierten, aus seiner Sicht sozialistischen, Gesellschaft gelingen könnte, auf den Kopf zu stellen: Erst die Befreiung der Frauen – im Falle des Iran vom Kopftuch und von anderen Aspekten der Unterdrückung – ermöglicht die Befreiung der ganzen Gesellschaft. Auch jene der Männer.

Eine frühere Fassung dieses Textes erschien im Oktober 2022 im *Standard*

1 https://www.deutschlandfunk.de/saekularisierung-im-iran-islamische-republik-ohne-100.html

2 https://www.rosalux.de/profil/es_detail/IKR52U3EUZ/sami--alkayial?cHash=35c65aa6a012cb40f8581340979894b4

„Seit Jahren wird die Religionskritik aus der Debatte verbannt"

Interview mit Jakob Hayner

In einem Wiener Kaffeehaus sitzend, erzählt Sama Maani von seinem Roman Žižek in Teheran, *in dem das Regime einer Islamischen Republik erschüttert wird. Obwohl eineinhalb Jahre vor dem Herbst 2022 erschienen, weist der Roman unheimliche Parallelen zu den Geschehnissen im Iran auf. Dort war eine junge Frau im Gewahrsam der Sittenpolizei unter ungeklärten Umständen gestorben, daraufhin kam es zu monatelangen Protesten, bei denen zahlreiche Menschen durch Polizei, Armee und Milizen umgebracht wurden. Tausende wurden verhaftet, einige hingerichtet. Nachdem es zwischenzeitlich ruhiger geworden war, kam es vergangene Woche wieder zu größeren Protesten.*

Žižek in Teheran *liest sich auch wie eine Kurzzusammenfassung von Maanis Werk, in dem die Psychoanalyse und der Iran wiederkehrende Themen sind. Romane wie* Ungläubig *und* Teheran Wunderland *stehen neben Sammlungen von Essays wie* Respektverweigerung. Warum wir fremde Kulturen nicht respektieren sollten. Und die eigene auch nicht *und* Warum ich über den Islam nicht mehr rede. *Maani spricht über die eigentliche Revolution im Iran, die Fehler der deutschen Außenministerin Annalena Baerbock in der Kopftuchdebatte und die Massenneurosen der Jetztzeit.*

Sama Maani, nachdem es ruhiger um die Proteste im Iran geworden ist, sind diese nun wieder aufgeflammt. Wie haben Sie die Geschehnisse in den vergangenen Monaten verfolgt? Und wie schätzen Sie diese ein?

Ich erhalte über WhatsApp-Gruppen zahlreiche Nachrichten aus dem Iran und von Unterstützern in Österreich und

Deutschland. Die Proteste haben viele Menschen hier bewegt, es gab die große Demonstration in Berlin. Und Straßburg hat die größte Demonstration seiner Geschichte erlebt, als man das Europäische Parlament bewegen wollte, die Revolutionsgarden auf die Terrorliste der EU zu setzen. Abgesehen von der akademischen Frage, ob es sich nun um eine Revolution oder um eine Revolte handelt, haben wir es mit einer Revolution des Bewusstseins zu tun. Und das zeigt Parallelen zu einer Revolution im Iran, die im Westen nahezu unbekannt ist.

Denn die eigentliche Revolution im Iran hat nicht 1979 stattgefunden, sondern 1905 bis 1911. Ich meine die sogenannte Konstitutionelle Revolution, eine liberale, demokratische Revolution, bei der Frauen bereits eine wichtige Rolle gespielt haben. Die Herrscher sahen sich gezwungen, eine konstitutionelle Monarchie einzuführen – übrigens nach belgischem Vorbild. Damals formierte sich eine Gegenbewegung unter der Führung von einem Kleriker, der 1909 als Konterrevolutionär gehängt wurde. Der sagte, dass Demokratie und Islam nicht vereinbar sind, weil Gläubige und Ungläubige sowie Männer und Frauen niemals gleichberechtigt sein können. Die geistigen Nachfahren dieses Klerikers sind Leute wie Khomeini. So gesehen, kam es mit der Islamischen Revolution 1979 zu einem späten Sieg der Konterrevolution der Scharia-Anhänger gegen die demokratische Revolution von 1905.

Es handelt sich um einen langanhaltenden politischen Kampf?

Man sollte nicht aus falsch verstandener Kultursensibilität denken, dass der Naturzustand der iranischen Gesellschaft ein religiöser Gottesstaat ist. Dieser ist vielmehr das Ergebnis einer paradoxen geschichtlichen Bewegung. Bis heute zeigt sich aber in der europäischen Außenpolitik gegenüber dem Iran die Tendenz, die islamischen Reformer zu unterstützen. „Reformer“ ist im Iran inzwischen aber ein Schimpfwort, weil das diejenigen sind, die das System erhalten wollen.

Die aktuellen Proteste haben in den vorigen Wochen abgenommen, doch nun meldete sich die Bewegung kraftvoll mit mehreren großen Demonstrationen zurück, weitere könnten folgen. Die Revolution des Bewusstseins ist nicht rückgängig zu machen. Als sichtbares Zeichen wird das Kopftuch im Alltag zurückgedrängt. Viele Frauen zeigen sich in der Öffentlichkeit unverschleiert. Wir dürfen auch nicht vergessen, dass der jetzige Zyklus einen Vorlauf hat – mit den Protesten 2017 und 2019. Mit Corona kam eine Unterbrechung, doch kein Ende. Nun gab es über dreieinhalb Monate lang zahlreiche große Demonstrationen, in einer Kontinuität, die es nicht einmal 1979 gegeben hat.

Ihr Roman „Žižek in Teheran", der von einer Revolution der Frauen handelt, ist vor der aktuellen Revolution im Iran erschienen, liest sich aber fast wie eine Vorwegnahme. Das Buch spielt in einem halb-fiktiven Teheran. Es ist in Versen geschrieben, ein Experiment mit der Form. Warum die Verfremdung?

In der Literatur ist die Form das Bedeutende. Die aktuelle Kunst- und Literaturproduktion leidet aber an einem Formverlust, das hat Robert Pfaller in seinem Buch „Die blitzenden Waffen" sehr schön ausgeführt. Fragen des Inhalts und der Identität drängen sich im heutigen Literaturbetrieb oft in den Vordergrund. Ich bin als sogenannter migrantischer Autor von dieser Tendenz stark betroffen. Man interessiert sich nur für die Person und was diese von ihrer Kultur transportiert, wie diese mit „unserer" Kultur zusammentrifft und so weiter. Das ist ein ärgerliches Phänomen.

Ich versuche, dem entgegenzuwirken und diese Erwartungen zu unterlaufen. Das ist der Grund, warum in „Žižek in Teheran" nicht vom Iran die Rede ist, sondern von einer halb-fiktiven „Islamischen Republik Teheran". Was als Hinweis darauf gelesen werden kann, dass das Literarische einer anderen Sphäre angehört als der empirischen, aber auf das Reale Bezug nimmt.

Ausgangspunkt der Proteste war der Kopftuchzwang. Im Iran ist das Ablegen des Kopftuchs ein rebellischer Akt. In Deutschland, so wird häufiger argumentiert, dürfe hingegen das Tragen eines Kopftuchs nicht eingeschränkt werden. In beiden Fällen gehe es um Entscheidungsfreiheit. Überzeugt Sie das?

Als es im Bundestag das erste Mal um die revolutionären Ereignisse im Iran ging, hat die deutsche Außenministerin Annalena Baerbock wortwörtlich gesagt, dass es „nichts, aber auch gar nichts mit Religion oder Kultur" zu tun habe, wenn eine junge Frau ermordet wird, weil sie ihr Kopftuch nicht korrekt getragen hat. Das ist absurd.

Die Möglichkeit, in den westlichen Demokratien freiwillig ein Kopftuch oder kein Kopftuch zu tragen, hat mit der Religionsfreiheit zu tun. Und Muslime sind im Westen freier – auch in ihrer Religionsausübung – als in vielen islamischen Ländern, denken wir allein an die Schiiten in Saudi-Arabien oder die Aleviten in der Türkei. Das ist nicht das Ergebnis eines friedlichen Dialogs zwischen Islam und Christentum, sondern das Resultat der mehr oder weniger konsequenten Emanzipation der europäischen Gesellschaften von Religion. Wenn eine Religion herrscht, kann es keine Religionsfreiheit geben, bestenfalls etwas wie Toleranz.

Es gibt einen Zusammenhang zwischen dem Abwerfen des Kopftuchs im Iran und den Kopftuchdebatten hier. Man sollte nicht so tun, als würden sich diese Dinge wie in zwei verschiedenen Universen abspielen. Das Wichtige ist, dass man Religionsfreiheit nicht mit der Freiheit der Religion vor Kritik verwechselt. Freud nennt die Religion eine „kollektive Neurose". Ich kann jemanden seine Neurose nicht verbieten, aber man muss sie kritisieren – und das muss möglich sein.

Übersieht jemand wie Baerbock, dass ein Kopftuch nicht nur ein Stück Stoff ist, sondern auch eine symbolische Funktion hat?

Es ist eine symbolische Funktion mit realen Effekten, eine „Realität des Scheins", wie man es frei nach Theodor W. Adorno nennen könnte. Nun ist das keine Einzelmeinung von Baerbock, sondern es gibt seit Jahren einen Diskurs, der die Kritik der Religion aus der Debatte verbannen will. Es wird sogar behauptet, es wäre rassistisch, den Islam zu kritisieren. Das ist absurd. Es ist nicht rassistisch, irgendeine Religion zu kritisieren oder abzulehnen.

Der neurechte Diskurs über Menschen aus islamisch geprägten Ländern ist zwar tatsächlich rassistisch, weil er den Islam als eine Art „Natureigenschaft" von Menschen betrachtet. Die linke Kritik an den Neurechten übernimmt diese ihre Grundannahme aber oft und fängt dann an, den Islam zu verteidigen, statt diese falsche, weil fixe Verknüpfung von Herkunft und Religion zu kritisieren.

Lassen sich solche Äußerungen wie von Baerbock und die dazugehörigen Diskurse als Symptom der Erschöpfung des westlichen Laizismus verstehen?

In Frankreich, wo der Laizismus historisch stärker ist, lassen sich bereits so eigenartige Phänomene wie der „Islamogauchismus" beobachten, ein Bündnis zwischen Linken und Islamisten. In Berlin habe ich einen Linken aus der Türkei getroffen, der wegen seiner Religionskritik hier als Rechter bezeichnet wurde, was ihn sehr verwirrt hat und in der Türkei undenkbar wäre.

Solche Phänomene sind Ausdruck einer Krise des säkularen und laizistischen Denkens vor dem Hintergrund sozioökonomischer Veränderungen westlicher Gesellschaften und der Krise der Linken. Wenn man, von der Aufklärung und Religionskritik ausgehend, am Ende bei der Vorstellung landet, alle Religionen seien wertvoll und zu respektieren, ist etwas falsch gelaufen. Das ist schon rein logisch unmöglich, weil sich die Religionen oft untereinander nicht respektieren.

Sie beschäftigen sich neben der „kollektiven Neurose" der Religion mit der heutigen Massenpsychologie. Das wirkt in einer Gegenwart, der man Hyperindividualisierung unterstellt, paradox. Was meinen Sie mit Massenpsychologie?

Ich habe kürzlich in einem Vortrag über das Internet und soziale Medien gesprochen und mich dabei auf Freuds Text *Massenpsychologie und Ich-Analyse* bezogen, in dem es um das Verhältnis von Masse und Führerpersönlichkeit geht.[1] Das scheint paradox, weil jemand, der mit einem Smartphone unterwegs ist, nicht wie eine Masse wirkt – im Gegenteil. Er folgt als Einzelner dem Versprechen der digitalen Moderne, dass wir alle einzigartig sind. Das Paradoxe ist, dass wir, gerade indem wir diesem Versprechen folgen, zur Masse werden. Es gibt außerdem noch das Versprechen, dass jeder ein Führer werden kann, Influencer heißt das heute. Die eigene Tauglichkeit als „Führer" lässt sich problemlos anhand der Klicks und Zugriffe evaluieren. Der Anspruch auf Einzigartigkeit löst sich allerdings nicht ein, in der Masse herrscht eine narzisstische Langeweile, eine Mono- oder Oligotonie. Wir sind in den sozialen Medien typisiert wie nie zuvor. Einer der Psychologen, der *Cambridge Analytica* beraten hat, meinte, dass er in der Lage sei, anhand von Facebook-Likes genauere Aussagen über einen Menschen zu treffen als dessen Lebenspartner.

Insbesondere bei identitätspolitischen Debatten im Internet fällt überdies auf, dass sie mit einer affektiven Heftigkeit einhergehen, die typisch ist für Massen. Der Shitstorm ist ein Phänomen, das Freud in seinem Aufsatz mit Bezug auf einen britischen Psychologen als gegenseitige Ansteckung und Potenzierung von Affekten beschreibt und vorwegnimmt. Es entsteht der Eindruck, dass man sich bestimmten Tendenzen und Positionen nicht mehr widersetzen kann, obwohl oft keine einzelnen Personen als Träger dieser Meinungen auszumachen sind. Eine sich verselbstständigte Massendynamik, die zu gespenstigen Effekten führt.

Die Debatte um die Übersetzung des Inaugurationsgedichts von Amanda Gorman schien darauf hinauszulaufen, dass nur Schwarze die Texte von Schwarzen übersetzen sollen, obwohl das vermutlich keine einzelne Person so gesagt hatte – und trotzdem haben Verlage die Verträge ihrer Übersetzer gekündigt, weil sie das „falsche Profil" hatten. Würde jemand sagen, meine Romane könnten nur von „echten Iranern" übersetzt werden, würde ich das als zutiefst rassistisch und beleidigend empfinden. Komischerweise führen diese Debatten in ihrer affektiven Eskalation immer wieder zu ähnlichen Absurditäten. Das hat etwas Unheimliches.

Dieses Interview erschien erstmals im Februar 2023 in der *WELT.*

1 Vgl. das Kapitel *You're so special – just like anybody else* in diesem Band

„Im Iran ist jede Lebensäußerung politisch"

Katharina Manojlovic und Cornelius Mitterer vom Literaturmuseum Wien im Gespräch mit Sama Maani

Katharina Manojlovic: Herr Maani, gewiss verfolgen Sie aufgrund Ihres familiären Hintergrunds die politischen Entwicklungen im Iran. Was sind die Gründe dafür, dass vor allem Frauen an den Protesten teilnehmen bzw. von den drakonischen Maßnahmen des Regimes betroffen sind?

Sama Maani: Wenn ich vielleicht zunächst auf den ersten Teil Ihrer Frage eingehen darf: Sie haben Recht. Ich bin aufgrund meines familiären Hintergrunds sehr an den politischen Entwicklungen im Iran interessiert. Aber ich würde trotzdem, bevor wir über die Frauen im Iran reden, gerne noch auf diesen Begriff „familiärer Hintergrund" eingehen. Damit assoziiere ich dieses ganze Paket an „Migrationshintergrund" und auch dieses Unwort „Migrantenliteratur". Das ist schon ein Thema, über das wir lange reden könnten: Zum einen ist dieser Migrationshintergrund oft verknüpft mit Diskriminierung oder Marginalisierung. Gleichzeitig, und das darf ich als Betroffener sagen, gibt es im Kulturbetrieb auch so etwas wie einen Migrantenbonus; das sagen mir österreichische Kollegen immer wieder: „Du hast ja einen Migrantenbonus." Und das stimmt auch. Wenn ich ein Buch oder essayistische Texte über den Iran schreibe, habe ich da eben als Iraner einen Bonus, weil das, was ich sage, „authentisch" klingt. Aber da ist ein Fallstrick dabei, weil man sich im Rahmen der Aufmerksamkeitsökonomie diesen Bonus zwar gerne holt. Es müsste ja gar nicht sein, dass ich als jemand, der einen iranischen Hintergrund hat, unbedingt über den Iran schreibe – übrigens verwende ich in meinen literarischen Texten niemals das Wort „Iran", es geht da immer um ein semifiktives Land namens Teheran, manchmal auch um Persien. Davon abgesehen könnte ich ebenso gut über ganz andere Dinge schreiben, was ich ja vor allem essayistisch auch tue. Aber jetzt komme ich zu der Falle: Es gibt dieses Phänomen, dass man als Autorin oder Autor mit Migrationshintergrund gettoisiert wird. Natürlich darf man über alles schreiben, aber ob das irgendwer lesen will, ist eine andere Frage. Das erlebe ich seit Jahren immer wieder: Wenn ich zum Beispiel über Robert Musil oder den Antisemitismus schreibe – Antisemitismus geht ja noch, weil es da eine Connection mit dem iranischen Regime gibt. Aber wenn ich über Themen schreibe, die jetzt nichts mit Iran oder Islam zu tun haben, wird das viel weniger wahrgenommen. Ich habe längere Zeit für den *Standard* gebloggt und wenn ich etwa über den Islam oder den Iran geschrieben habe, dann gab's hunderte Kommentare, wenn es aber etwa um Robert Musil, Dante, den Umgang der EU mit der griechischen Staatsschuldenkrise oder andere Themen ging, die nichts mit dem Iran oder dem Islam zu tun hatten, gab es vielleicht zehn Kommentare oder gar keine.

Nun aber zu den Frauen im Iran. Im Iran herrscht ein Männerglaube, der einerseits auf Männerherrschaft beruht und andererseits diese Herrschaft der Männer stützt und aufrechthält, die – und das muss ich leider so radikal sagen – wirklich auf Angst vor Frauen und Hass auf Frauen beruht. Und dieser Hass kann, wie wir im September 2022 im Fall von Jina Amini gesehen haben, mörderisch sein. Das war eine junge Frau, die keine Protestaktion geplant oder durchgeführt hat und nach den Kleidervorschriften konform verschleiert war. Nur war da wohl etwas nicht ganz korrekt verhüllt. Da sagen sich sehr viele Menschen, Frauen und auch Männer: Das kann ja jeder Frau passieren. Auch einer Frau, die zu jener Minderheit gehört, die vielleicht regimetreu ist, kann das unabsichtlich passieren, und im schlimmsten Fall kann sie deshalb getötet werden. Die iranische Gesellschaft ist im Vergleich zu diesem Regime, von dem sie beherrscht wird, sehr modern. Es gab im Iran schon 1848 die erste öffentliche Aktion einer Entschleierung. Die berühmte Dichterin Tahereh hat sich bei einer Konferenz der religiösen Babi-Bewegung öffentlich entschleiert, woraufhin sich ein Mann aus lauter Entrüstung die Kehle durchgeschnitten hat. Wenn wir von *der* Revolution im Iran sprechen, denken wir automatisch an die islamische Revolution von 1979. Aber die eigentliche iranische Revolution hat nicht 1979 stattgefunden, sondern 1905, also vor 118 Jahren. Das war eine liberale, demokratische Revolution, die sogenannte „Konstitutionelle Revolution", ein Ereignis, das für das Verständnis der aktuellen feministischen Revolution eine wichtige Rolle spielt. Es gab damals unter der Dynastie der Kadscharen eine absolutistisch regierende Monarchie. Die Konstitutionelle Revolution hatte die Französische Revolution zum Vorbild und es waren damals schon Frauenrechtlerinnen an vorderster Front aktiv. Das Spannende an dieser Konstitutionellen Revolution ist nun, dass es damals bereits eine Gegenbewegung gab von Klerikern, die etwas sehr Richtiges gesagt haben: „Islam und Demokratie sind absolut nicht vereinbar, weil Ungläubige und Gläubige nicht gleichberechtigte Bürgerinnen und Bürger sein können, vor allem Frauen und Männer nicht." Der Vertreter dieser Konterrevolution, ein gewisser Fazlollah Nuri, wurde 1909 als Konterrevolutionär gehängt. 70 Jahre später, 1979, hat dann die islamische Revolution unter der Führung von Khomeini, der sich explizit als geistiger Nachfolger von Nuri bezeichnet hat, gesiegt. Das ist wichtig, um die heutige Situation zu verstehen. 1979 kam es zu einem späten Sieg der islamischen Konterrevolution gegen die demokratische, liberale Verfassung, die bis 1979 in Kraft war (zumindest formal, die beiden Monarchen der Pahlevi-Dynastie, die den Kadscharen folgte, regierten, abgesehen von einer demokratischen Phase zwischen 1941 und 1953, de facto diktatorisch). Die heutige Protestbewegung versteht sich nun dezidiert als Korrektur der Geschichte, als Revolution gegen die Konterrevolution von 1979 – und sie wird von Frauen getragen. Ich bin kein Historiker, aber soweit ich es überblicke, ist es die erste feministische Revolution der Geschichte, eine Revolution, bei der die Frauen den Anspruch erheben, die gesamte Gesellschaft zu befreien, auch die Männer.

Cornelius Mitterer: Wie stellt sich die Situation für Schriftstellerinnen und Schriftsteller dar?

Sama Maani: Seit der Revolution von 1979 gibt es permanent Todesdrohungen und immer wieder auch Ermordungen von Schriftstellern. Im Herbst 2021 fand in der Alten Schmiede eine Lesung zu meinem Buch *Žižek in Teheran* statt, an der auch ein sehr interessanter Autor aus dem Iran beteiligt war: Amir Hassan Cheheltan. Der hatte irgendwann die Nase voll von der Zensur, der zweiten Bedrohung, der Schriftstellerinnen und Schriftsteller neben der Todesgefahr ausgesetzt sind. Schon vor 20 Jahren sagte er: „Ich publiziere nicht mehr im Iran." Seine Bücher ließ er ins Deutsche übersetzen und publizierte sie in Deutschland. Jetzt fängt er wieder an, auf Persisch zu publizieren.

Ich gebe Ihnen ein absurdes Beispiel für die Zensur. Ein verstorbener Freund aus Graz, ein Iraner, der literarische Werke aus dem Deutschen ins Persische übersetzte, Iradj Hashemizadeh war sein Name, hat den Erzählband *Die Schule der Gottlosigkeit* von Aleksandar Tišma ins Persische übertragen. Man muss in solchen Fällen im Ministerium für Kultur und islamische Führung, das für die Zensur zuständig ist, um grünes Licht für die Veröffentlichung ansuchen. Erstaunlicherweise haben sie den Titel *Die Schule der Gottlosigkeit* nicht geändert, aber in der titelgebenden Erzählung, die in Jugoslawien im Zweiten Weltkrieg spielt, gibt es eine Folterszene. Während er einen jungen Mann foltert, denkt der Peiniger, der selbst einen 18-jährigen schwerkranken Sohn hat: „Wenn es einen Gott gäbe, würde mein Sohn vielleicht auch sterben oder Schaden erleiden." Dann stirbt dieser gefolterte junge Mann, worauf der Folterer etwas Schlimmes erwartet. Seine Frau ruft ihn dann aber an und sagt: „Nein, unserem Sohn geht's eh besser." Darauf kniet er nieder – das ist das Ende der Geschichte – und sagt: „Lieber Gott, danke, dass es dich nicht gibt!" Genau das haben sie zensiert – und die Geschichte bleibt ohne Pointe.

Noch ein Wort zu den Todesdrohungen: In den 1990er-Jahren gab es einen Schriftstellerkongress in Armenien, zu dem die Crème der iranischen Literatur im Autobus hingefahren ist. Irgendwo in den gebirgigen Regionen im Westen des Iran, das war spät nachts oder ganz in der Früh, sind scheinbar alle eingeschlafen. Dann ist der Fahrer ausgestiegen und hat versucht, den Bus in den Abgrund zu manövrieren. Die Insassen haben das bemerkt und ganz knapp überlebt. Eine irre Geschichte, die ja noch „gut" ausgegangen ist. Aber es gibt einige prominente Beispiele von – ich kenne nur männliche, deshalb sage ich – Schriftstellern, die tatsächlich ermordet wurden.

Weil in diesem Regime fast jede Lebensäußerung reglementiert, kontrolliert und manchmal auch abgewürgt wird, ist jede Lebensäußerung in gewisser Weise politisch. Und insofern ist fast jede Alltagsgeschichte, die eine Schriftstellerin, ein Schriftsteller beschreibt, zum Beispiel ein Kuss, ebenfalls politisch. Daher die Parole „Frau, *Leben*, Freiheit!".

Katharina Manojlovic: Geht der Protest im Iran auch von Schriftstellerinnen und Schriftstellern aus? Welche Formen des Widerstands sind für sie überhaupt möglich?

Sama Maani: Nachdem eben praktisch jede Lebensäußerung reglementiert wird und versucht wird zu kontrollieren, ist folglich auch jede Beschreibung einer von der religiösen Norm abweichenden Lebensäußerung ein Protest im weiteren Sinn. Im engeren Sinn gibt es natürlich ebenfalls sehr viel Protest seitens der Schriftstellerinnen und Schriftsteller. Es gibt kaum Schriftstellerinnen, die sich da nicht beteiligen. Was die Meinungsfreiheit betrifft, ist die Situation im Iran allerdings sehr verwirrend. Es gibt das Sprichwort: „Im Iran gibt es die Freiheit der Meinungsäußerung, aber nicht die Freiheit nach der Meinungsäußerung." Es gibt Menschen, die im Iran leben und Interviews mit oppositionellen Auslandssendern führen und das Regime radikal kritisieren, doch es passiert ihnen oft lange nichts, aber irgendwann passiert dann doch vielleicht etwas. Und dann gibt's jemanden, der auf Facebook einen Link teilt und deshalb eingesperrt wird. Es ist sehr unübersichtlich und Kritik scheint oft durchaus möglich zu sein. Der erwähnte Amir Hassan Cheheltan hat, kurz nachdem die feministische Revolution begonnen hat, in Teheran einem deutschen Sender ein Interview gegeben und unter anderem gesagt: „Ja, es könnte zu einem Bürgerkrieg kommen." Ein Lyriker, der im Jänner 2022 im Gefängnis umgekommen ist, war übrigens wegen „Mitgliedschaft in der Vereinigung der Schriftsteller" angeklagt. Das allein kann offenbar schon ein Anklagepunkt sein.

Cornelius Mitterer: Inwiefern beeinflusst die Politik, vor allem die Tagespolitik in Österreich und im Iran, Ihre Literatur?

Sama Maani: Bei mir persönlich ist es *nicht* so, dass ich mich hinsetze und sage: „Okay, ich schreibe jetzt etwas über die Politik in Österreich, im Iran, oder über die feministische Revolution." Es gibt eine Idee oder vielleicht einige wenige Ideen, und aus diesen Ideen entwickelt sich dann etwas. Ich habe ja jahrelang als Psychoanalytiker gearbeitet. Ähnlich wie es einer Analysandin, einem Analysanden auf der Couch geht, gibt's dann diese mehr oder wenige freie Assoziation, die liefert mir mein Material, das ich dann bearbeite. Das funktioniert manchmal, aber manchmal auch gar nicht. Der Roman macht dann sozusagen, was er will. Das Politische – meine Einschätzungen, meine Diagnosen, meine Utopien und Dystopien –, alles das fließt automatisch ein.

Wenn man sich übrigens die Kunst- und die Literaturproduktion der letzten Jahrzehnte anschaut, passiert dort oft etwas, das ich schlechte Politisierung nennen würde: vordergründige, plakative, vor allem absichtsvolle Aufladung mit Politik, die dann weder eine gute politische Intervention darstellt, noch besondere künstlerische Qualität hat. Dann werden die Künstler, wie Robert Pfaller einmal sagte, zu schlechten Ethnologen oder zu schlechten Soziologen, anstatt dass sie gute Kunst machen. In meinem letzten Essayband setzte ich mich mit ebendiesen Entwicklungen im Kunst- und im Literaturbetrieb auseinander, unter anderem vor dem Hintergrund der ästhetischen Theorie von Theodor Adorno, der sagt: Natürlich haben Kunst und Literatur viel mit der empirischen, mit der politischen Realität zu tun. Kunst gehört aber, wie er es nennt, einer säkularisierten, magischen Sphäre an. Das ist ein Bereich, der historisch aus dem Sakralen herkommt, aber heute säkularisiert ist. Und wenn dann dieses magische Element, diese Verzauberung fehlt oder verkümmert, zugunsten der Auseinandersetzung mit der empirischen Realität oder einer politischen Botschaft, dann sind wir dort, wo leider viele aktuelle Werke der Kunst und Literatur angelangt sind. Und dann geht's sehr oft um das, was ich eingangs erwähnt habe, um die persönliche Herkunft, um das, was man auch Autofiktion nennt. Ein Phänomen, bei dem der Anschein erweckt wird, dass die Leserin oder der Leser mit der Autorin, dem Autor auf ein Kaffeetscherl geht, also die Autorin, den Autor persönlich serviert bekommt. Vergessen wird dabei oft auch, dass es in der Literatur wesentlich um die Form geht, nicht um eine, wie immer geartete, persönliche oder politische Botschaft.

Katharina Manojlovic: Wie wird Österreich im Iran wahrgenommen, wie der Iran in Österreich?

Sama Maani: Zum ersten Teil Ihrer Frage habe ich sehr wenig zu sagen. Ich kann nur eine Bemerkung machen: Es gibt im Iran ein österreichisches Kulturforum, eine Enklave, in der es viele, vor allem für junge Menschen interessante Veranstaltungen gibt und wo man sich relativ frei bewegen kann. Mehr habe ich zu sagen über das Bild, das in Österreich bzw. in Europa oder allgemein im Westen vom Iran herrscht. Da gibt es einige grundfalsche Annahmen, die zum einen mit der schon erwähnten islamischen Revolution von 1979 zu tun haben, aber auch mit 9/11 und generell mit den ganzen kulturalistischen und identitätspolitischen Positionen, die den gesellschaftspolitischen Diskurs seit Jahrzehnten prägen. Oft entsteht der Anschein, als würde der Islam so eine Art Natureigenschaft der iranischen Gesellschaft und der Menschen, die von dort stammen, sein. Um zu zeigen, wie falsch diese Grundannahme ist: 2020 hat die Universität im holländischen Tilburg eine hierzulande wenig bekannte, repräsentative Umfrage durchgeführt. In dieser methodisch ausgefeilten Umfrage wurde 40.000 Iranerinnen und Iranern über Social Media die Frage gestellt: „Woran glauben Sie?" 70% der Menschen haben geantwortet: „Wir sind keine schiitischen Muslime." Es gibt ja im Islam zwei Hauptkonfessionen: Schiiten und Sunniten. Der schiitische Islam ist die ideologische Basis des Gottesstaates im Iran. 70% sagen also: „Wir glauben gar nicht an diesen schiitischen Islam", und 60%: „Wir sind gar keine Muslime." In dieser Radikalität gibt es das nirgendwo sonst in der islamisch geprägten Welt, es gibt allerdings auch in anderen Gesellschaften mit islamischer Bevölkerungsmehrheit ähnliche Tendenzen. Das zu beachten ist wichtig, weil es ja diese rechte Verschwörungstheorie vom großen Bevölkerungsaustausch gibt, wonach die Bevölkerung Europas nach und nach durch „Muslime" ersetzt werden soll. Die Umfrage zeigt, wie falsch diese Annahme ist, weil die Menschen den Islam natürlich nicht genetisch in sich haben. Aber auch bei uns, bei den Linken, bei den Liberalen, gibt es implizit diese Grundannahme. Das zeigt sich in (für mich) falschen Begriffen wie: „antimuslimischer Rassismus" oder „Islamophobie", mit denen dann linke, liberale Menschen in der guten Absicht, diesem rechten Rassismus entgegenzutreten, einen Grundfehler begehen. Denn der neue Rassismus gegenüber Menschen aus diesen Ländern besteht gerade darin, sie auf ihre vermeintliche oder tatsächliche Religion zu reduzieren. Das ist ein relativ neues Phänomen, das gab es etwa in den frühen 1990er-Jahren noch nicht, dass Menschen aus diesen Ländern primär als Muslime gesehen werden und nicht etwa als Türken. Damals haben die Rassisten gesagt: „Die Türken machen uns Probleme, weil sie Türken sind." Heute sagen die

Neo-Rassisten hingegen: „Die Türken machen uns Probleme, weil sie Muslime sind." Das Problem ist, dass viele Linke, Liberale und Grüne glauben, sie würden antirassistisch agieren, wenn sie eine Glaubenslehre oder Glaubenspraxis verteidigen. Ein Kategorienfehler mit fatalen Folgen.

Katharina Manojlovic: In Ihrem Roman *Žižek in Teheran* geht es unter anderem um die Macht von Texten. Ein Text kursiert, dem man auch eine Magie zuschreiben kann, insofern, als er bei empfänglichen männlichen Lesern zu Veränderungen ihrer Persönlichkeit führt. Auch zu körperlichen Veränderungen: Die Männer beginnen sich als Frau zu fühlen.

Sama Maani: Diesen im Buch erwähnten und an manchen Stellen zitierten Text gibt es tatsächlich. Wir kennen ja alle die Schrebergärten. Moritz Schreber, ein Arzt aus Leipzig, war ihr Namensgeber. Das war ein bisschen ein verrückter Typ, der orthopädische Vorrichtungen erfunden hat, mit denen er seine Kinder festgeschnallt hat, damit sie gerade sitzen. Manche munkeln, dass das der Grund war, warum sein Sohn, der später berühmte Jurist und Politiker in Sachsen, Daniel Paul Schreber, schizophren wurde. Der hat jedenfalls eines der interessantesten Bücher der Weltliteratur geschrieben, *Die Denkwürdigkeiten eines Nervenkranken.* Darin beschreibt er unter anderem die folgende Halluzination: Er sitzt vor dem Spiegel und hat plötzlich das Gefühl, dass sein Körper sich verändert und er zur Frau wird. Das war für ihn natürlich ein Schock, den er durch die Vorstellung zu verarbeiten versuchte, dass die Weltordnung die Verweiblichung von ihm verlange und dass er die heilige Pflicht habe, mit Gott ein neues Menschengeschlecht zu zeugen. Schrebers Buch fand viel Beachtung, Elias Canetti hat darüber geschrieben und Freud hat seine ganze Theorie des Wahns auf diesen Text gegründet. Ich habe mir gedacht: Was wäre, wenn dieser Text auch noch eine magische Kraft hätte? Sie kennen vielleicht den Sketch „The Funniest Joke" von Monty Python. Jemand erfindet einen Witz, der so witzig ist, dass jeder, der ihn hört oder liest, vor Lachen stirbt. Dieser Witz wird dann im Zweiten Weltkrieg als Waffe gegen die Deutschen eingesetzt. Das ähnelt der Wirkung jenes magischen, von Daniel Paul Schrebers Buch inspirierten Textes, der im Zentrum von *Žižek in Teheran* steht. Dessen Lesen führt allerdings nicht zum Tod, sondern zu einer Verweiblichung bestimmter „empfänglicher Männer" – einschließlich des mächtigsten Mannes in der semifiktiven Islamischen Republik Teheran.

Žižek in Teheran wurde eineinhalb Jahre vor der aktuellen feministischen Revolution publiziert, liest sich jetzt aber wie eine Art Vorwegnahme.

Cornelius Mitterer: Welche Zukunft wünschen Sie sich für die politische Entwicklung in Österreich und im Iran? Welche Zukunft wünschen Sie sich für die Literatur?

Sama Maani: Ich fange mit dem Iran an. Mein Sohn, er ist sechzehn, hat sich für den Iran zunächst einmal gar nicht so wahnsinnig interessiert. Als er klein war, kam die Sprache einmal auf die berühmten Perserkriege, und als ich ihm erzählte, dass die Griechen diese Kriege gewonnen haben, sagte er: „Gott sei Dank bin ich kein Perser!" Und ich: „Warum nicht? Dein Papa ist doch Perser." Und er: „Du bist in Graz geboren – also bist du kein Perser." Jetzt interessiert er sich, angesichts der aktuellen Ereignisse, aber sehr für den Iran. Und da hat er etwas sehr Spannendes gesagt: Er könne sich nicht vorstellen, dass dieses Regime noch lange überlebt, aber auch nicht, dass es bald stürzen würde.

Es gibt viele Statistiken, auch aus dem Iran, und zwar von systemtreuen sogenannten Reformern, die sagen: „Wenn es eine freie Abstimmung gäbe, würden siebzig bis achtzig Prozent der Menschen das herrschende System abwählen." Aber es reicht ja, wenn sich unter den 85 Millionen Iranern ein oder zwei Millionen finden, die bereit sind, für ihren Glauben an dieses Regime zu töten und zu sterben. Solche Kräfte haben andere – „konventionelle" – Diktaturen nicht zur Verfügung.

Hinzu kommt, dass das Regime sehr erprobt darin ist, Straßenproteste niederzuknüppeln. Wobei es aber diesmal, und das ist tatsächlich neu, auch viel Gegenwehr gab. Es gab viele Szenen, diese Videos kann man sich im Internet anschauen, in denen die Paramilitärs des Regimes in die Flucht geschlagen werden. Dennoch ist es sehr schwierig, dieses Regime zu stürzen. Mein Wunsch wäre natürlich, dass das so bald wie möglich passiert.

So katastrophal die weltpolitischen Folgen der Revolution von 1979 waren, so bedeutend wäre ein Verschwinden dieses Regimes und dessen Ersatz durch ein säkulares, demokratisches System für die gesamte Region. Denken wir an die atomare Bedrohung Israels und den Raketenkrieg von Hamas und Hisbollah, den Stellvertretern der Islamischen Republik, gegen den jüdischen Staat. Darüber hinaus hat das iranische Regime bei fast allen Konflikten in der Region, im Jemen, in Syrien, im Libanon, im Irak seine Hände im Spiel, und sein Ende würde die Chancen auf einen dauerhaften Frieden im Nahen Osten deutlich erhöhen.

Für Österreich: Auf die Frage will ich jetzt nicht eingehen, meine Antwort wäre, was die unmittelbare Zukunft betrifft, eher pessimistisch, wobei ich aber sagen muss, dass ich, bei aller Kritik an der momentanen Situation, sehr froh bin, in Österreich zu leben. Auch wenn es weltweit diese ganzen Tendenzen gibt, von Ungarn über die Türkei, in Russland sowieso, und Frankreich in Richtung rechts, muss man trotzdem sagen, dass es eine wesentliche Differenz zwischen solchen Tendenzen bei uns in Europa und der Situation im Iran gibt, auch was die Frauen betrifft. Weil ich immer wieder von feministischen Freundinnen höre: Bei uns gibt's ja auch das Patriarchat. Mag sein, aber zwischen der Situation der Frauen im Iran und in den (mehr oder weniger) liberalen Demokratien des Westens liegen Welten. Und es stellt eine geradezu obszöne Verharmlosung der Situation der Frauen in der Islamischen Republik Iran dar, wenn man sie mit jener der Frauen in einem Land wie Österreich vergleicht.

Zur Literatur: Das ist eine knifflige Frage. Ich habe viel mit Ö1 zu tun und höre immer wieder die berechtigten Klagen über drohende Einsparungen bei Literatursendungen oder Sendungen mit zeitgenössischer Musik etc. Mein Unbehagen an der jetzigen Situation der Literatur und der Kunst hat allerdings nicht primär mit der Kulturpolitik zu tun, sondern mit der Literatur- und Kunstproduktion selbst. Das hat auch viel damit zu tun, dass diese zunehmend von identitätspolitischen Positionen geprägt ist; wenn zum Beispiel eine nicht-schwarze Malerin ein antirassistisch intendiertes Bild malt, inspiriert von der Fotografie eines jungen Schwarzen, der in den 1950er Jahren von Rassisten ermordet wurde, und dann jemand kommt und sagt: Du, als Weiße, darfst dich mit diesem Thema nicht beschäftigen, das ist nicht dein Thema! Oder die Diskussionen über das Inaugurationsgedicht der Amanda Gorman und wer es übersetzen darf und wer nicht. Meine Sorge gilt hier nicht in erster Linie jenen Weißen, denen etwas verboten wird. Darüber könnte man reden, das ist auch berechtigt. Aber die Minderheiten, die hier durch die identitätspolitischen Positionen in der Kunst angeblich geschützt werden, die werden dann erst recht gettoisiert. Denn diese Debatten laufen doch zum Beispiel darauf hinaus, dass Schwarze dann letztlich ausschließlich für die Übersetzung von „schwarzer" Literatur zuständig sind – und für sonst nichts. Oder: Wenn jemand sagen würde: Deinen (auf Deutsch geschriebenen) Roman darf nur „ein echter Iraner" ins Englische übersetzen, dann würde ich das als zutiefst rassistisch empfinden. Das ist die Gefahr. Und ich würde mir sehr wünschen, dass sich die Debattenlage hier von Grund auf ändert. Aber ich bin pessimistisch.

Dieses Interview erschien erstmals in Katharina Manojlovic, Cornelius Mitterer (Hg.), *Politik und Literatur. Mit einem Dossier zum österreichischen P.E.N.-Club 1923-2023 in internationaler Perspektive*, Wien 2023

„Der Fall des Iran ist ein anderer“

Gespräch mit Shoura Haschemi

Shoura Hashemi wurde 1982 in Mashhad, im Iran, geboren und verbrachte die ersten Jahre ihres Lebens mit ihren politisch aktiven Eltern im Versteck. Die Familie floh 1987 nach Österreich und erhielt dort politisches Asyl. Nach dem Jusstudium in Wien absolvierte sie die Diplomatische Akademie und war von 2008 bis 2023 im diplomatischen Dienst des österreichischen Außenministeriums tätig. Während ihrer Laufbahn im höheren auswärtigen Dienst verbrachte sie sechs Jahre an den österreichischen Vertretungen in Brüssel, Genf und Jakarta. Ab September 2022 dokumentierte sie die Ereignisse im Kontext der Protestbewegung „Frau, Leben, Freiheit“ im Iran und engagierte sich als Aktivistin. Seit 1. August 2023 ist sie Mitglied der Geschäftsleitung von Amnesty International Österreich.

Ich fragte Shoura unter anderem, wie es kommt, dass viele linke Iranerinnen und Iraner in Europa und in Nordamerika die Iran-Politik rechter Parteien unterstützen, dass oft der Eindruck entsteht, dass linke Parteien im Westen die reaktionären islamischen Herrscher in Teheran schützen – und was uns das über den Zustand der Linken in Europa und in anderen Weltteilen sagen mag.

Shoura, du hast im Mai 2023 in der Ö1-Sendung *Da capo* gesagt, dass viele Angehörige der iranischen Diaspora in Europa oder in Nordamerika, die sich selbst als Linke bezeichnen und linke Parteien wählen, andererseits aber die Iran-Politik konservativer und rechter Parteien unterstützen. Hast du eine Erklärung für dieses paradoxe Phänomen?

In der iranischen Diaspora haben viele das Gefühl, dass linke Parteien das iranische Regime schützen. Dass sie sich zwar nicht bewusst auf die Seite der Mullahs stellen, aber dass sie der These anhängen, der ja auch viele Außenministerien im Westen anhängen, dass das iranische Regime zwar die Menschenrechte mit Füßen tritt, aber ein stabiler Verhandlungspartner, ein stabiler Wirtschaftspartner ist. Im Westen herrscht ja der Eindruck, dass, wenn man im Iran in irgendeiner Form eingreift, es sofort zu einem Flächenbrand kommen würde, auch wenn der Eingriff nur darin besteht, dass man die Zivilgesellschaft unterstützt. Ich rede jetzt gar nicht von einem militärischen Eingreifen. Es wird dann immer dieses „Syrien-Argument" gebracht. Und das ist etwas, was große Teile der iranischen Diaspora sehr stark verärgert. Und wo sie auch das Gefühl haben, dass ihnen gerade Parteien und Strömungen, die eigentlich sehr für Menschenrechte stehen, in den Rücken fallen. Und zum Teil geht's da auch um linke Flügel von Parteien, die vielleicht noch dieses antiimperialistische Denken der 1970er Jahre verfolgen. Man sieht aber auch bei den „moderneren" Flügeln, dass der Umgang mit dem Iran immer ein schwieriger ist, dass sich Linke oft schwertun, das Mullah-Regime zu verurteilen, weil sie sagen, dieses Regime ist entstanden quasi als Auflehnung gegen einen Diktator, gegen den Schah, warum sollten wir da dagegen sein, es war ja eine Bewegung „aus dem Volk heraus". Ich finde, diese Denkweise hat eine gewisse Berechtigung – man hat sich damals aufgelehnt gegen ein System, das man nicht wollte –, aber das, was gekommen ist, ist sehr viel schlimmer.

Was sagt uns die Iran-Politik linker Parteien (denken wir an den Widerstand der linken Regierung Portugals gegen die Terror-Listung der islamischen Revolutionsgarde oder Obamas, nach eigenem späterem Eingeständnis, falsche Iran-Politik während der Massenproteste 2009, von der Iran-Politik der venezolanischen Präsidenten Chavez und Maduro ganz zu schweigen) über den aktuellen Zu-

stand der Linken in Europa und in anderen Teilen der Welt?

Ich denke, es zeigt uns, dass linke Bewegungen, speziell was geopolitische Fragen betrifft, noch nicht ganz in der Jetztzeit angekommen sind. Dass über geopolitische Probleme Thesen gestülpt werden, die vor einigen Jahrzehnten eine Berechtigung hatten, ich denke da etwa an antikolonialistische Positionen. Das hatte alles seine Berechtigung, hat's zum Teil vielleicht noch – aber der Fall des Iran ist ein anderer, da müsste man differenzieren. Und ich habe den Eindruck, dass Linke in geopolitischen Fragen viel zu wenig differenzieren.

Kannst du der These etwas abgewinnen, dass Phänomene wie ein tiefsitzender antiamerikanischer Reflex – nicht nur bei den Linken – eine (unterschwellige) Rolle dabei spielen könnten, dass viele das islamische Regime in Teheran, wenn überhaupt, nur halbherzig verurteilen? Nach dem Motto der Feind meines Feindes ist mein Freund?

Der Antiamerikanismus hat als treibender Faktor während der Islamischen Revolution eine riesige Rolle gespielt. Heute, 44 Jahre später, nehme ich das ganz anders wahr. Ich nehme die junge Generation – und der Großteil der iranischen Bevölkerung ist ja sehr jung – nicht als antiamerikanisch wahr, auch nicht als antiwestlich. Ich nehme sie großteils auch nicht als antiisraelisch wahr. Im Gegenteil, gerade der *American Way of Life* wird sogar teilweise als Vorbild gesehen. Man sieht das immer wieder in diesen Videos, wo bei irgendwelchen Zeremonien, Jahrestagen etc. riesige Flaggen auf dem Boden ausgebreitet werden, US-Flaggen, letztens auch schwedische Flaggen, wegen den Koran-Verbrennungen. Und die Leute steigen nicht drauf. Die einzigen, die drauf steigen, sind die *Basiji*,[1] die herbestellt wurden. Die junge Generation des Iran ist nicht antiwestlich, sie ist nicht antiamerikanisch. Ich glaube auch, dass sie auch mit dem Antiimperialismus nicht viel anzufangen weiß. Was den Iranern, den Iranerinnen schon wichtig ist: dass sie über ihre Bodenschätze selbst verfügen können, also das Erdöl- und das Erdgas-Thema würde ich nicht außer Acht lassen. Auch die historische Komponente dieser Thematik ist allen bewusst – Stichwort der 1953 gestürzte Ministerpräsident *Mossadegh* und die damals gescheiterte Bewegung zur Verstaatlichung des iranischen Erdöls. Aber ich würde jetzt nicht sagen, dass es diesen antiwestlichen Reflex heute noch gibt, zumindest nicht in der großen Mehrheit. Die Klerus-Oligarchie und ihre Anhängerschaft, die predigen das natürlich. Man braucht das ja auch. Die Feindschaft zu den USA und zu Israel ist ein Faktor, der dieses Regime am Leben hält.

Bei den Linken im Westen, da glaube ich allerdings schon, dass dieser antiamerikanische Reflex eine Rolle spielt, auch bei progressiven Linken kommt mir das immer wieder unter. Man merkt das jetzt auch beim russischen Angriffskrieg auf die Ukraine und beim Iran sowieso. Sogar unter Konservativen – ich habe ja lange im Außenministerium gearbeitet, das eher konservativ gefärbt ist – nehme ich diesen antiamerikanischen Reflex immer wieder wahr.

Ab und an sagen Linke hier im deutschsprachigen Raum, sie würden zwar die „Innenpolitik" der Islamischen Republik ablehnen, nicht aber deren Außenpolitik. Damit meinen sie, neben den antiamerikanischen und „antiimperialistischen" Positionen der Islamischen Republik, in erster Linie den Antizionismus des Regimes oder dessen „Solidarität mit dem palästinensischen Volk", wie sie es nennen. Welche Rolle mag der Antizionismus oder gar ein linker Antisemitismus bei dieser mal klammheimlichen, mal unverhohlenen Sympathie mancher Linker mit der Islamischen Republik spielen?

Das spielt sicher eine Rolle. Ich bezweifle nur, dass das Regime im Iran tatsächlich mit den Palästinenserinnen und Palästinensern solidarisch ist. Ich glaube der Antizionismus des Regimes ist, so wie auch sein Antiamerikanismus, ein politisches Mittel. Man braucht ein Feindbild, und Israel ist ein gutes Feindbild. Einerseits, um zu rechtfertigen, warum man eine Islamische Republik hat und keinen demokratischen Staat. Andererseits, warum man so viel aufrüsten muss. All diese Dinge müssen ja auch im iranischen Parlament gerechtfertigt werden. Das ist *public diplomacy*, würde ich sagen. Denn der Antizionismus ist sozusagen das Branding dieses Regimes. Ich sehe die große Solidarität mit den Palästinenserinnen und Palästinensern nicht, weil es ja in erster Linie um militärische Unterstützung geht für Gruppen, die dort wieder Gewalt ausüben. Ich sehe nicht die große humanitäre Unterstützung für die Palästinenserinnen und Palästinenser, die aus meiner Sicht viel notwendiger wäre. Im Übrigen hat der Antizionismus des Regimes über die Jahre in der Bevölkerung Irans zu einer *Entsolidarisierung* mit den Palästinenserinnen und Palästinensern geführt.

Annalena Baerbock gehört zu jenen Politikerinnen, die aus der Sicht der iranischen Diaspora relativ gute Positionen in Bezug auf die feministische Revolution im Iran eingenommen hat. Allerdings meinte sie im Oktober 2022, wenige Wochen nach Beginn der jüngsten revolutionären Proteste im Iran, im deutschen Bundestag: „Wenn die Polizei [im Iran] … eine Frau zu Tode prügelt, weil sie aus Sicht der Sittenwärter ihr Kopftuch nicht richtig trägt, dann hat das nichts, aber auch gar nichts, mit Religion … zu tun“. Diese Aussage muss man vermutlich im Kontext der Islam-Debatten in Deutschland und in Europa, dem neurechten Ressentiment gegen Menschen aus islamisch geprägten Ländern und den Reaktionen von Linken und Liberalen auf diese Ressentiments lesen, oder?

Ich glaube, dass Annalena Baerbock diese Aussage heute nicht mehr treffen würde. Ihr Beraterstab hat relativ schnell gemerkt, dass das absolut unzutreffend ist im Fall des Iran. Was sie gesagt hat, dass nämlich das, was Jina Amini passiert ist, nichts mit Religion zu tun hätte, das stimmt einfach nicht. Und solche Aussagen kamen danach auch nicht mehr. Natürlich haben die Probleme im Iran sehr viel mit Religion zu tun. Es gibt eine religiöse Verfassung und der ganze Staat basiert sozusagen auf Religion.

Ich finde generell, dass die Linke einen Fehler macht, sich auf diese Kulturkämpfe einzulassen und sie teilweise auch mitzuerfinden, mitzugestalten, auszubreiten ... Das betrifft die Religion, aber auch andere Identitätsdebatten.

Ich sehe das auch bei der feministischen Bewegung, dass auch da diese Identitätskonflikte oft wichtiger werden als das, was früher den Feminismus ausgemacht hat – die Rechte von Frauen, ihre soziale und ökonomische Situation usw. Bei meinem Einsatz für Frauenrechte im Iran bekomme ich oft die Rückmeldung: Endlich fokussiert sich einmal jemand auf Probleme in einer Weltgegend, wo Frauen entrechtet sind wie im Iran oder in Afghanistan. Wohingegen der Feminismus hier im Westen oft von Identitätskonflikten und Kulturkämpfen beherrscht zu sein scheint. Und warum die internationale Solidarität im Feminismus nicht größer sei. Das sind so die Rückmeldungen, die ich oft bekomme.

Als Alexander Van der Bellen im März 2017 auf das Thema „Islamophobie" angesprochen wurde, meinte er: „Wenn das so weitergeht ... bei dieser tatsächlich um sich greifenden Islamophobie, wird noch der Tag kommen, wo wir alle Frauen bitten müssen, ein Kopftuch zu tragen – alle, als Solidarität gegenüber jenen, die es aus religiösen Gründen tun." Und weiter: „Wenn ich mich richtig erinnere, haben die Dänen während der deutschen Besatzung doch etwas Ähnliches gemacht. Und nicht-jüdische Dänen haben angefangen, den Davidstern zu tragen, als symbolische Geste des Widerstands gegen die Deportation von Juden." Einmal abgesehen davon, dass Van der Bellen sich hier nicht richtig erinnert, weil der Davidstern in Dänemark nie eingeführt wurde – würdest du das machen? Aus Solidarität mit Op-

fern der sogenannten „Islamophobie" oder – um den m.E. falschen Begriff „Islamophobie" zu vermeiden – aus Solidarität mit den Opfern des Ressentiments gegen Menschen aus islamisch geprägten Ländern ein Kopftuch tragen?

Nein, das würde ich nicht machen. Es geht ja auch um meine Freiheit, zu entscheiden, wie ich mich kleide. Solche „Solidaritätsaktionen", die gehen in eine falsche Richtung. Ich glaube, dass auch Van der Bellen diese Aussage – so wie Annalena Baerbock ihre Aussage – heute nicht mehr treffen würde. Ich habe im Gegenzug erlebt, dass sich – mit einer wirklich großartigen Ausnahme – gerade die muslimische Religionsgemeinschaft hier in Österreich zum Beispiel für den Iran und für die Frauen im Iran sehr wenig interessiert. Ich kann mich an keine öffentliche Stellungnahme oder Diskussionsrunde erinnern, wo ein Vertreter der muslimischen Religionsgemeinschaft in Österreich dabei gewesen wäre und sich in irgendeiner Form diesbezüglich geäußert hätte. Ich würde mir eher wünschen, dass es von der Seite mal ein bisschen Solidarität gibt für diesen doch großen Teil der islamisch geprägten Welt, wo Frauen unterdrückt werden. Und da hört man, finde ich jedenfalls, sehr wenig. Eine Ausnahme möchte ich aber erwähnen: Ein progressives islamisches Magazin aus Wien, das *Qamar*-Magazin, hat mich zum Interview eingeladen. Da arbeiten Muslime, die einen progressiven Islam vertreten, und Nicht-Muslime zusammen. Die zeigten sich sehr solidarisch mit den iranischen Frauen. Aber das war in diesem ganzen Jahr [seit Beginn der landesweiten Proteste im Iran im September 2022, *Anm. von mir*] die einzige Reaktion, die von muslimischer – von offizieller muslimischer – Seite kam. Sonst gab es kein Interesse, sich überhaupt mit dem Thema zu beschäftigen. Ich glaube, das ist ein sehr unangenehmes Thema für die muslimische Religionsgemeinschaft.

1 *Basiji* sind Angehörige der paramilitärischen Miliz der Islamischen Republik

Die *Konferenz der Vögel* ist politisch

Vortrag vom 10. April 2023 im Rahmen der Veranstaltungsreihe *Vogelgespräche* in der Wiener Galerie *Hinterland*

In *Die Konferenz der Vögel*,[1] dem berühmten Versepos des persischen Dichters Fariddudin Attar (1136 - 1221) begibt sich eine bunte Vogelschar auf eine beschwerliche Reise: Sie will den mythischen Vogel *Simorgh* finden, der ihr König werden soll. Vor dem Hintergrund der aktuellen feministischen Revolution im Iran und den Debatten darüber, ob sie einer Führungsfigur bedarf, möchte ich diesem klassischen mystischen Text eine gesellschaftspolitische Wendung geben. In meinem letzten Roman, *Žižek in Teheran*, auch eine Art Versepos, der eineinhalb Jahre vor den aktuellen Ereignissen im Iran veröffentlicht wurde und der von einer Revolution der Frauen in der halbfiktiven *Islamischen Republik Teheran* handelt, ist ein anderer klassischer Text einmontiert: die 1903 publizierten *Denkwürdigkeiten eines Nervenkranken* von Daniel Paul Schreber, in dem der Autor von seiner halluzinatorischen Verwandlung in eine Frau berichtet – und in dem die Vögel ebenfalls eine zentrale Rolle spielen.

„Nachdem er sich hingelegt hat
Nimmt sich der Gefängnisarzt Zeit
Um sich auf der Couch *einzurichten*
Klopft das Kissen zurecht, fährt sich mit den Händen
An der Hose entlang, dann durchs Haar

Da fällt ihm ein, daß er die Schuhe ausziehen will
Wie oft habe ich gesagt, daß er die Schuhe
Nicht ausziehen braucht
Es nervt, daß er glaubt für

Diese Art „Analyse“

Sich auf der Couch auch noch einrichten zu müssen
Und ich betone

Diese Art „Analyse“

Und setze Analyse in Anführungszeichen
Sofern man Worte, die man *denkt*, betonen
Respektive in Anführungszeichen setzen kann.

Es nervt, und schon beginnt er zu reden

Die gewunderten Vögel *belästigen ihn. Sie sind aus den Resten ehemaliger Vorhöfe des Himmels gebildet, also selig gewesener Menschen. Sie können nichts als sinnlos auswendig gelernte Phrasen herzusagen. Jedesmal, wenn sie die eingebläuten Phrasen abgeleiert haben, gehen sie mit den Worten*

Verfluchter Kerl!

in seiner Seele auf, den einzigen Worten, deren sie, um eine echte Empfindung auszudrücken, fähig sind. Den Sinn der Worte verstehen sie nicht, haben aber

eine Empfänglichkeit für den Gleichklang der Laute.

Es macht für sie wenig Unterschied, ob man sagt:

Santiago oder Karthago
Chinesentum oder Christentum
Abendrot oder Atemnot
Ackermann oder Ariman

Ariman?“[2]

So beginnt *Žižek in Teheran*, in dem aus Sicht der Machthaber der *Islamischen Republik Teheran* Beunruhigendes passiert. Im ganzen Land kursieren Fragmente eines geheimnisvollen Textes, die man mit Monty Pythons *Killer Joke* vergleichen könnte, einem Witz, dessen Zuhörer oder Leser vor Lachen sterben. Zwar ist das Lesen jener geheimnisvollen Fragmente nicht tödlich, führt jedoch bei bestimmten empfänglichen männlichen Lesern zu einer radikalen Veränderung der Persönlichkeit, mitunter auch des Körpers. Die Betroffenen fühlen sich als Frauen und entwickeln die Vorstellung, sie hätten die Pflicht mit niemandem Geringeren als mit Gott „ein neues Geschlecht von TeheranerInnen" zu zeugen. Die Opposition nützt das subversive Potential der magischen Textfragmente – und es kommt zu einer Revolution der Frauen. In der zitierten Passage zitiert der sogenannte Gefängnisarzt, die Hauptfigur des Romans, auf der Couch eines (hier als Ich-Erzähler auftretenden) Psychoanalytikers ein solches Fragment – bei dem es sich in Wahrheit um eine Passage der erwähnten *Denkwürdigkeiten eines Nervenkranken* von Daniel Paul Schreber handelt, dem Sohn Moritz Schrebers, nach dem die berühmten Schebergärten benannt wurden.

„Dieselben Nerven sind im Frühjahr in den Leibern von *Finken*, im Sommer in denjenigen von *Schwalben*, im Winter in denjenigen von *Sperlingen* oder *Krähen*. Nach der mir wohl bekannten Klangfarbe ihrer Stimmen sowie nach den ihnen eingepfropften Redensarten steht die Identität der betreffenden Seelen für mich außer Zweifel."[3],

lautet eine weitere Passage der *Denkwürdigkeiten*, die der Gefängnisarzt auf der Couch des Analytikers rezitiert. Sigmund Freud, der sich in *Bemerkungen über einen autobiographisch beschriebenen Fall von Paranoia* eingehend mit dem Buch von Daniel Paul Schreber auseinandersetzte, schreibt über die Bedeutung der Vögel im Schreber'schen Text:

„Während man diese Schilderung liest, kann man sich des Einfalles nicht erwehren, daß mit ihr *junge Mädchen* gemeint sein müssen, die man in kritischer Stimmung gerne mit Gänsen vergleicht, denen man ungalanterweise ein ‚Vogelgehirn' zuschreibt, von denen man behauptet, daß sie nichts zu reden wissen als eingelernte Phrasen, und die ihre Unbildung durch die Verwechslung ähnlich klingender Fremdwörter verraten. Das ‚verfluchter Kerl', mit dem es ihnen allein Ernst ist, wäre dann der Triumph des jungen Mannes, der ihnen zu imponieren verstanden hat. Und siehe da, einige Seiten später stößt man auf die Sätze Schrebers, welche eine solche Deutung sicherstellen. ‚Einer großen Anzahl der übrigen Vogelseelen habe ich scherzweise zur Unterscheidung Mädchennamen beigelegt, da sie sich sämtlich nach ihrer Neugier, ihrem Hang zur Wollust usw. am ersten mit kleinen Mädchen vergleichen lassen. Diese Mädchennamen sind dann zum Teil auch von den Gottesstrahlen aufgegriffen und zur Bezeichnung der betreffenden Vogelseelen beibehalten worden.' Aus dieser mühelosen Deutung der ‚gewunderten Vögel' entnimmt man dann einen Wink fürs Verständnis der rätselhaften ‚Vorhöfe des Himmels'".[4]

Diese Bemerkungen Freuds weisen ihn nicht gerade als Feministen aus, würden sich aber als eine Art negative Überleitung zum Thema „Feministische Revolution im Iran" anbieten, auf das wir noch zu sprechen kommen. Zunächst aber einige Worte zum eigentlichen Thema des Abends, *Die Konferenz der Vögel*, dem Versepos Attars. Vorausgeschickt sei, dass in der Vorstellungswelt monotheistischer Religionen (und als islamisch geprägter Mystiker ist Attar ein, wenn auch unorthodoxer, Vertreter einer monotheistischen Religion) Gott als eine Instanz aufgefasst wird, die das Universum lenkt und regiert, ähnlich einem König – und die Vögel sind ja auf der Suche nach einem König –, der sein Königreich lenkt. Diese Vorstellung drückt sich im Übrigen auch in der persischen Sprache aus: Im Persischen bedeutet *Khoda* Gott, aber auch Besitzer, Führer, Lenker. Zum anderen scheint es in der persischen Mystik zentral um das Thema *Verinnerlichung* zu gehen. Verkürzt gesagt, wäre die Botschaft der (persischen) Mystik: Es geht nicht so sehr um die Gesetze des äußeren Verhaltens – der Islam ist wie das Judentum eine Gesetzesreligion –, sondern um die innere Einstellung, um die intime Beziehung des Einzelnen zu Gott, aber auch um die innere Bedeutung der heiligen Texte. Diese Haltung kommt deutlich im folgenden Vers zum Ausdruck, der Rumi, dem bekanntesten persischen Dichter-Mystiker, manchmal aber auch Attar zugeschrieben wird:

Wir haben dem Koran die Frucht entnommen
Die Schale überlassen wir den Idioten

Dieses Feiern der Innerlichkeit bei gleichzeitiger Kritik am äußerlichen Gesetz erinnert natürlich an das Christuswort: „Ihr habt gehört, daß zu den Alten gesagt ist: ‚Du sollst nicht ehebrechen.' Ich aber sage euch: Wer ein Weib ansieht, ihrer zu begehren, der hat schon mit ihr die Ehe gebrochen." (Matthäus, 5:28), an die radikale Kritik des Heiligen Paulus am Gesetz, etwa im Römerbrief, 7:7: „Denn ich wußte nichts von der Begierde, wenn das Gesetz nicht gesagt hätte: ‚Du sollst nicht begehren!' … ohne das Gesetz war die Sünde tot", und an Luther.

Nun ist in gewisser Weise die höchste Form der Verinnerlichung, als der verehrenden, liebenden, inneren Beziehung zum Anderen, die *Identifizierung.* In Emily Brontës Roman *Wuthering Heights* sagt Cathy Earnshaw über Heathcliff, den sie leidenschaftlich liebt: „Ich liebe ihn nicht, ich *bin* Heathcliff". Ähnlich Cathy Earnshaw fassten auch viele persische (Dichter-)Mystiker die Identifizierung (mit Gott) als höchste Form der Liebe auf. Bekanntestes Beispiel ist der Dichter und Mystiker *Mansur Hallaj*, der allerdings auf Arabisch schrieb und dessen berühmter Satz: „Ich bin die Wahrheit", der an Christi „Ich bin der Weg, die Wahrheit und das Leben" (Johannes 14:6) erinnert, ihn das Leben kostete. Hallaj soll wie Christus gekreuzigt und/oder nach anderen Überlieferungen erhängt oder zerstückelt worden sein. Die Identifizierung, die, wie wir noch sehen werden, auch das Schlussmotiv der *Konferenz der Vögel* bildet, ist aber ein doppeldeutiger Begriff. Sie kann zum einen auf Idealisierung verweisen („ich identifiziere mich mit dir, weil ich dich verehre und vergöttere und gerne so *wäre* wie du") oder wie in *Die Konferenz der Vögel*, im Gegenteil, auf die Aufhebung der Differenz zwischen dem idealisierenden Subjekt und dem idealisierten Objekt: „Ich identifiziere mich mit dir, also *bin ich wie du.*" Diesem Motiv der „gleichmacherischen" Identifizierung begegnen wir zwar auch in anderen Werken mystischer Dichter, etwa in Rumis berühmten Gedicht „Moses und der Hirte". Aber: In der *Konferenz der Vögel* geht es nicht bloß um die Beziehung zwischen dem Einzelnen und Gott, sondern um jene zwischen einem *Kollektiv* und ihrem designierten (Gott-)König. Nachdem ein Vogel nach dem anderen die beschwerliche Suche aufgegeben hat, bleiben am Ende dreißig Vögel übrig, die erkennen, dass sie, das „Kollektiv der Dreißig", mit König Simorgh identisch sind – *Simorgh* bedeutet im Persischen zugleich auch *Dreißig Vögel.* Hier begegnen wir wieder jener „Empfänglichkeit für den Gleichklang der Laute", die die „gewunderten Vögel" im Wahn Daniel Paul Schrebers genauso auszeichnet wie empfindsame Lyriker.

Die kollektive Wendung, die Attar dem Thema Identifizierung hier gibt, bietet uns die Möglichkeit, der *Konferenz der Vögel* vor dem Hintergrund der aktuellen revolutionären Protestbewegung im Iran eine politische Wendung zu geben. Um diese historisch besser verorten zu können, sollten wir aber zunächst einen Blick auf die jüngere iranische Geschichte werfen. Wenn heute von der „Revolution im Iran" die Rede, denken wir unwillkürlich an die islamische Revolution von 1979. Dabei könnte man mit guten Gründen behaupten, die „eigentliche" iranische Revolution habe nicht 1979 stattgefunden, sondern 1905 bis 1911, als Iranerinnen und Iraner während der blutigen *Konstitutionellen Revolution* gegen das absolutistisch regierende, vom zaristischen Russland unterstützte Herrscherhaus der Kadscharen kämpften und eine parlamentarisch-demokratische Verfassung nach belgischem Vorbild durchsetzten. Der Iran wurde eine konstitutionelle Monarchie. Bei dieser liberalen, durch relative Säkularität und die Zuwendung zur europäischen Moderne gekennzeichneten Revolution – Vorbild war die Französische Revolution von 1789 – spielten Frauen bereits eine wichtige Rolle. Kurz nach dem Sieg der Konstitutionalisten begann allerdings Mohammad Ali Schah, der amtierende Monarch, der überzeugt war, die einzig legitime Herrschaftsform für den Iran sei eine Monarchie auf Grundlage der Scharia (*saltanate mashroo'e*), die neue demokratische Verfassung zu bekämpfen. Am 23. Juni 1908 wurde das neugegründete Parlament von russischen Truppen kanoniert – es folgte die bürgerkriegsähnliche Phase der Revolution, die mit dem Sturz Mohammad Ali Schahs und seiner Flucht ins russische Odessa endete. Wichtigster Unterstützer des Konzepts der Scharia-Monarchie war, neben dem zaristischen Russland, der Kleriker Fazlollah Nuri, der die Position vertrat, dass Parlamentarismus, Demokratie und Bürgerrechte für alle mit dem Islam nicht vereinbar seien, da im Islam Gläubige und Ungläubige sowie Männer und Frauen nicht gleichberechtigt sein könnten. Nuri und den mit ihm verbündeten Klerikern gelang es schließlich, einen Zusatzartikel zur neuen konstitutionellen Verfassung durchzusetzen, in dem von einem Gremium bestehend aus schiitischen Geistlichen die Rede war, einem Wächterrat, der darauf achten sollte, dass die vom Parlament beschlossenen Gesetze nicht im Widerspruch zur Scharia stehen. Nuri selbst wurde allerdings 1909 als Konterrevolutionär gehenkt. Zwar hatte dieser Zusatzartikel keine realen politischen Folgen. 1963 aber, als der letzte Schah das Wahlrecht für Frauen einführte, forderte Ruhollah Khomeini dessen Anwendung. 16 Jahre später übernahmen Khomeini und seine Anhänger, die sich dezidiert als geistige Nachfolger Nuris betrachteten, die Macht. So gesehen, handelte es sich beim Sieg der islamischen Revolution im Februar 1979 um einen späten Sieg der islamischen *Konterrevolution* gegen die demokratische konstitutionelle Verfassung von 1906, die de jure bis 1979 in Kraft war. Die beiden Monarchen der Pahlewi-Dynastie, des letzten iranischen Herrscherhauses, herrschten allerdings – von einer demokratischen Phase zwischen 1941 und 1953 abgesehen – de facto diktatorisch. Vor diesem historischen Hintergrund kann die revolutionäre Protestwelle, die nach der Ermordung Jina Aminis durch die islamische Sittenpolizei im September 2022 monatelang über das Land rollte, als Versuch gelesen werden, die islamische Konterrevolution von 1979 und ihre katastrophalen Folgen zu korrigieren.

Zurück zur *Konferenz der Vögel*: Bis zur Konstitutionellen Revolution war die im Iran herrschende Staatsform die erwähnte „Monarchie auf Scharia-Basis". Wir haben es also nicht bloß mit der metaphysischen Vorstellung von Gott als dem König und dem Lenker des Universums zu tun, die Herrschaft des Monarchen wurde auch in der handfesten politischen Praxis als gottgegeben aufgefasst, basierte sie doch auf dem religiösen Gesetz und beförderte und unterstützte dieses zugleich.

Die Idee, der Monarch sei der Schatten, sprich der Stellvertreter Gottes auf Erden, hat im Iran nicht erst seit der islamischen Eroberung Tradition. Ihre vorislamischen Wurzeln liegen in der mythischen Vorstellung vom sogenannten göttlichen *Farr*, dem wir etwa im *Buch der Könige*, dem Nationalepos Irans in Zusammenhang mit dem Sassaniden-König *Ardeschir* oder den mythischen Herrschern *Fereydun* und *Djamschid* begegnen.

Der Farr ist die Verkörperung der Herrlichkeit und der von Gott verliehenen Macht des Herrschers. Er wird oft als „mobiler Heiligenschein" oder als eine Art Schutzengel beschrieben, der wie ein Vogel auserwählten Personen, zum Beispiel Königen, folgt. Es ist übrigens der Vogel *Schahbaz*, welcher der iranischen Mythologie zufolge den göttlichen Farr erstmals nach Persien begleitet hat. Der Glanz, den der Farr verleiht, und der Schutz, den er gewährt, sind allerdings keine königlichen Geburtsrechte. Es hängt vom Charakter und von den Tugenden eines Königs – und von der Gnade Gottes – ab, ob er für würdig befunden wird, an dieser Gabe teilhaben zu dürfen.

Das Konzept des Monarchen als „Schatten Gottes“ erinnert natürlich an das Prinzip des Gottesgnadentums in Europa, das bis ins 19. Jahrhundert Gültigkeit beanspruchte. In diesem Konzept, das sich im Titelzusatz *Dei Gratia* (von Gottes Gnaden) ausdrückt, gründet die Legitimität der Herrschaft des Monarchen auf dem Willen und auf der Gnade Gottes – nicht auf der Zustimmung des Volkes. Friedrich Wilhelm IV. von Preußen, dem die deutschen Volksvertreter nach der Revolution von 1848 ein deutsches Erbkaisertum antrugen, gab diesen, überzeugt, dass die Legitimation des Monarchen einzig von der Gnade Gottes abhängig sei, einen Korb. Den Gedanken eines demokratisch legitimierten Kaisers wies er entrüstet zurück.

Vor diesem Hintergrund kann *Die Konferenz der Vögel* als Dekonstruktion der metaphysischen Basis der Mythologien der göttlich legitimierten Herrschaft im islamischen und vorislamischen Iran gelesen werden. Wenn die Schar der Vögel am Ende erkennt, dass sie mit Simorgh identisch ist, wird der mythische (Gott-)König, die oberste Instanz der Legitimation der Herrschaft, dekonstruiert und abgeschafft. Der König ist tot – es lebe das Volk der Vögel! Der Prozess der „Dreißigwerdung“ der Vögel kann aber, im Sinne von Freuds *Massenpsychologie und Ich-Analyse*, auch als ein Vorgang gelesen werden, in dem aus einer Masse ein überschaubares Kollektiv wird. Der Begriff *Masse* ist ja in Freuds *Massenpsychologie* eng mit der Instanz des *Führers* verknüpft. Um als Masse entstehen und fortbestehen zu können, bedarf diese Freud zufolge eines Führers. Diese „Dekonstruktion der Masse“ bietet wiederum zwei Deutungsmöglichkeiten: Echte Demokratie ist nur in einem überschaubaren Kollektiv, einer überschaubaren Volksversammlung, wie etwa in der Versammlungsdemokratie in der antiken Polis, möglich. Oder aber: Die „Dreißig“ stehen nicht für ein ganzes Volk, sondern für ein Führungskollektiv – oder ein Parlament.

Der Originaltitel von Attars Erzählung *Mantegho Teyr* kann als *Konferenz der Vögel*, aber auch als *Vogelgespräche* übersetzt werden. Und wenn wir die Begriffe *Konferenz* (oder Versammlung) mit dem Begriff *Gespräch* zusammendenken, drängt sich die Vorstellung des Parlaments geradezu auf.

Von hier aus würde ich gerne, zusammen mit Ihnen, eine Brücke schlagen zu der Frage, ob die aktuelle revolutionäre Bewegung im Iran einer Führung bedarf und wenn ja, welche Art Führung das sein könnte, und zu den Bemühungen der iranischen Opposition in der Diaspora, jener bunten Vogelschar der Gegnerinnen und Gegner der Islamischen Republik, einen Minimalkonsens zwischen den verschiedenen Positionen der Anhängerinnen und Anhänger einer säkularen Republik, einer konstitutionellen Monarchie und den Vertretern der ethnischen Minderheiten zu finden, die zusammen etwa die Hälfte der iranischen Bevölkerung ausmachen.

1 Farid ud-Din Attar, *Die Konferenz der Vögel*, aus dem Persischen von Katja Föllmer, Wiesbaden 2011

2 Sama Maani, *Žižek in Teheran*, Klagenfurt 2021, S. 7

3 Daniel Paul Schreber, *Denkwürdigkeiten eines Nervenkranken*, Berlin 2003, zitiert nach Sama Maani, *Žižek in Teheran*, Klagenfurt 2021, S. 13

4 Sigmund Freud, *Psychoanalytische Bemerkungen über einen autobiographisch beschriebenen Fall von Paranoia*. In ders., Gesammelte Werke VIII, Frankfurt am Main 1999, S. 270 f

Über Wahrheit und Lüge in der Kunst – mit besonderer Berücksichtigung der Teheraner Genußeheringe als popkulturelles Phänomen

Auszug aus dem Roman *Zu Besuch bei Onkel Napoleon* (unveröffentlicht)[1]

Was ist die Genußehe?, fragen die Oboistin und der Polar unisono.

Lustig, sagt Bastani, daß ihr gerade mich fragt, ich mußte nämlich gerade an einen Essay denken, den ich über die Genußehe, die Teheranisch-Islamische, geschrieben habe und … kennt ihr den Bauhuis? Den Schmuckkünstler? Nein? Aber eins nach dem andern. Vor Jahren besuchte ich in der *Archäologischen Staatssammlung München* eine von *Peter Bauhuis*, einem archäologisch informierten Goldschmied, kuratierte Ausstellung, die mich ungemein faszinierte.

> *Im Juni 2005 machten Mitarbeiter des* Instituts für Neuere Archäologie *im Keller einer Pension in Obertraun am Hallstätter See eine sensationelle Entdeckung. In einer halbverrotteten Holzkiste fanden sich die seit langem eingelagerten Hinterlassenschaften eines Wiener Wissenschaftlers: Neben dessen Aufzeichnungen und persönlichen Dingen beinhaltete die Kiste etwa 80 Schmuckstücke aus einem grauweißen Metall, Armreifen, Halsschmuck und Fingerringe in sehr gutem Zustand. Der Schmuck war unschwer als eisenzeitlich einzuordnen, und wie sich herausstellte, war er aus einem sehr ungewöhnlichen Metall gefertigt: aus* Gallium. *Dieses seltene Metall beginnt bereits bei einer Temperatur von unter 30°C zu schmelzen. Es ist also nicht möglich, diesen Schmuck zu tragen. Zu welchem Zweck wurden von den Menschen des 6. Jahrhunderts v. Chr.*

so aufwändige Artefakte hergestellt? Wie wurden die Schmuckstücke verwendet? Diese Ausstellung wirft ein wenig Licht auf ein Rätsel der Vergangenheit und stellt die Frage: Müssen wir unser Verständnis für vorgeschichtliche Wertvorstellungen, für Bestattungs- und Aufbewahrungsriten überdenken?

Peter Bauhuis (Hg.), *Der Galliumhort von Obertraun, Geschichte einer Wiederentdeckung*, S. 4

Als ich in weiterer Folge erfahren mußte, daß Bauhuis den archaisch anmutenden Galliumschmuck selbst hergestellt hatte, somit ein sogenannter *Fake-Künstler* ist, regte mich diese seine geniale Fälschung zum Nachdenken an – und ich schrieb einen Essay über *Wahrheit und Lüge*, nein, nicht *im außermoralischen Sinn*, obwohl mir der Nietzschesche Essaytitel, als ich über den Titel meines Essays mir den Kopf zerbrach, ständig durch den Kopf ging, am Ende nannte ich ihn

Über Wahrheit und Lüge in der Kunst – mit besonderer Berücksichtigung der Teheraner Genußeheringe als popkulturelles Phänomen

Vor Jahren erteilte mir ein berühmter Schriftsteller bei Gelegenheit einer Schreibwerkstatt einen Rüffel. Ich hatte ihn und andere Anwesende darauf hingewiesen, daß der Name *Teheran* in jenem Roman, an dem ich damals arbeitete, nicht für die real existierende Stadt gleichen Namens steht, sondern ein imaginäres Land bezeichnet, das zwar mit der real existierenden Stadt gleichen Namens einiges gemein hat, mit dieser aber nicht identisch ist. Es gehe nicht an, meinte jener Berühmte, daß ein Autor seinem Roman, quasi als lebender Beipackzettel, nachlaufe, um seinen Leserinnen und Lesern zu erklären, wie sie ihn zu verstehen hätten. Der Rüffel schien mir mehr als berechtigt. Ich fühlte mich beschämt und beschädigt. Was mich aber nicht daran hinderte, die Versuche, meine literarischen Texte meinen Leserinnen und Lesern zu erklären, weiterzuführen. Zu den mündlichen kamen schriftliche, in gesellschaftskritische Texte einmontierte Erklärungsversuche meiner literarischen Produktion. Einmal trieb ich meine Erklärungssucht auf die Spitze. Bei einer Online-Lesung für das Literaturhaus Salzburg las ich, vor der eigentlichen Lesung aus meinem Roman *Teheran Wunderland*, eine Stelle aus einem Essay über die fiktive Begegnung mit einer Leserin, die überzeugt ist, daß ein frauenfeindliches Gedicht aus der Feder einer der Romanfiguren die frauenfeindliche Position von dessen Autor wiedergeben würde. Also meine eigene. Sowie über den Versuch, mich – indem ich auf den Unterschied zwischen den Positionen des Autors und jenen der Figuren eines Romans hinwies – zu rechtfertigen. Die Erklärungen zu einem fiktiven Text, dem Roman, nahmen hier also ihrerseits die Gestalt einer Fiktion an. Einer Fiktion, die allerdings auf irritierenden realen Erfahrungen basierte. Auch dieser Essay enthielt den Hinweis, daß *Teheran* in *Teheran Wunderland* genauso wenig die real existierende Stadt gleichen Namens bezeichnet wie jenes *Teheran*, das in meinem Roman *Žižek in Teheran* vorkommt. Oder im Roman *Ungläubig*, dessenthalben ich mir seinerzeit den Rüffel jenes Berühmten zugezogen hatte.

Unmittelbar nach der Lesung machte ich eine weitere irritierende Erfahrung – auf Facebook. Ein Bekannter aus dem real existierenden Teheran, der dortselbst Englische Literatur studiert hat, zeigte sich über die vorgelesene Romanpassage irritiert, ja geradezu empört. Darin ist von einem Umerziehungslager für junge, aus der Sicht der Machthaber des „Teheraner Regimes" politisch irregeleitete Menschen die Rede, in dem paradiesische Zustände herrschen. Oder zu herrschen scheinen. Wie können Sie, schrieb mein Teheraner Landsmann, solch ein „liberales Bild" vom Regime in Teheran zeichnen? Sie, dessen Stimme, im Unterschied zu der Stimme der meisten anderen Teheranerinnen und Teheraner hier, in der Öffentlichkeit gehört wird, sollten sich bemühen, ihre Leserinnen und Leser im deutschsprachigen Raum über die *wahren* Zustände in Teheran aufzuklären. Ich antwortete, daß ich ohnehin erklärt hätte, daß

Teheran in *Teheran Wunderland* mit dem real existierenden Teheran nicht ident sei, auch wenn es zwischen dem ersteren und dem letzteren Gemeinsamkeiten gäbe. Daß es sich um einen Roman und nicht um einen Tatsachenbericht handle, daß ... in diesem Moment fiel mir der Rüffel jenes Schriftstellers ein, Robert Schindel ist sein Name – und ich mußte schmunzeln. „Bisher dachte ich", dachte ich, „ich darf es ihnen nicht erklären. Sie sollen es selbst verstehen. Jetzt merke ich: Sie verstehen es auch dann nicht, wenn ich es ihnen erkläre."

Nun könnte man meine Kontroverse mit dem Teheraner Anglisten als Kuriosum und absurd-skurrile Episode abtun, wäre sie nicht repräsentativ für weitverbreitete Tendenzen in aktuellen Kunstdebatten. Debatten, die den Eindruck erwecken, sie würden eine *epochale Zäsur in der Geschichte der Kunstauffassung* markieren. Holen wir, um zu verdeutlichen, wovon hier die Rede ist, ein wenig aus. In einer vereinfachten, äußerst schematischen Skizze, ohne Anspruch auf akademische Korrektheit, wäre die erste Epoche der europäischen Kunstphilosophie von Platons im zweiten Buch der *Politeia* vorgetragenen Kritik an den Dichtern als schamlose Lügner bestimmt – deren Lügengeschichten über Heroen und Götter geeignet wären, die Moral der jungen Generation zu untergraben. In dieser Sicht wäre die Dichtung die Darstellung der Lüge im Gewande der Wahrheit. Nennen wir die durch diese Auffassung bestimmte erste Epoche der Philosophie der Kunst respektive der Dichtung die Epoche der *Kunst als Lüge*. Wir könnten übrigens jene im alten Rom beliebte „Synthese aus Tragödie und Gladiatorenkampf"[2], über die der Kulturhistoriker Ludwig Friedländer schreibt:

„Auch eigentlich theatralische, besonders pantomimische Vorstellungen fanden in der Arena statt, nur daß die Schauspieler verurteilte Verbrecher waren, die eigens dazu unterrichtet und eingeübt wurden, und daß sie Tod und Martern nicht fingierten, sondern wirklich erlitten. In kostbaren, golddurchwirkten Tuniken und Purpurmänteln, mit goldenen Kränzen geschmückt, traten sie auf; doch wie aus den todbringenden Gewändern der Medea fuhren plötzlich Flammen aus diesen prächtigen Kleidern, in denen die Elenden grauenvoll umkamen."[3]

als einen zynischen Versuch interpretieren, der platonischen Kritik Genüge zu tun, indem man die (Tragödien-)Dichtung mit jener Wahrhaftigkeit ausstattet, die Platon bei Hesiod und Homer so schmerzlich vermißt.

Schon Aristoteles scheint allerdings, nicht so sehr was ihren Charakter, vielmehr was ihren Stellenwert betrifft, eine gänzlich andere Theorie der Dichtung zu vertreten. Gibt er doch im 9. Kapitel seiner *Poetik* den Werken der Dichtung gegenüber der – der faktischen Wahrheit verpflichteten – Geschichtsschreibung den Vorrang, da sie philosophischer und ernsthafter seien, während Historiker mitunter auch Zufälliges und Belangloses berichteten. Dieser Auffassung, die den fiktiven Charakter der Kunst keineswegs leugnet, ihr aber gerade deshalb einen höheren Rang zuweist als der bloßen Realität der Fakten, begegnen wir noch über 2000 Jahre später etwa in Alexis de Tocquevilles' *Über die Demokratie in Amerika*, wenn er über den italienischen Renaissancemaler Raffael schreibt, er hätte danach gestrebt, die Natur zu übertreffen und die Schönheit selbst zu verschönern.[4] Nennen wir die von dieser Kunstauffassung geprägte Epoche die Epoche der *Kunst als Kunst* – oder der Kunst als eine Art *Als-ob-Wahrheit*, von der wir zwar wissen, daß sie nicht der faktischen entspricht, die uns dennoch aber zu inspirieren, aufzuwühlen, fortzureißen vermag, als wäre sie wahr. Dieses spielerische Als-ob, das uns oft stärker in seinen Bann zieht als das tatsächlich Erlebte, gilt seit Aristoteles als *das eigentlich Künstlerische an der Kunst*. Gilt respektive galt – denn in den Kunstdebatten der letzten Jahre sind wir mit einer starken Tendenz konfrontiert, die den Werken der Kunst gerade dieses Als-ob nicht zugestehen will, um sie – ausgerechnet – der Wahrheit zu verpflichten.

Wenn etwa in Debatten über die Frage, ob nichtschwarze Übersetzerinnen und Übersetzer berechtigt oder fähig sein mögen, das Gedicht einer jungen Afroamerikanerin zu übersetzen, vornehmlich über die Frage gestritten wird, ob jene Nichtschwarzen in der Lage seien, sich in die *Lebensrealität* einer jungen Afroamerikanerin zu versetzen, als ginge es darum, sich gleich einer Therapeutin in die *reale Person* der Autorin einzufühlen. Als bestünde die Kunst des Dichtens in nichts anderem als im Protokollieren subjektiver Befindlichkeiten. Oder im Verfassen einer soziologischen Studie über die reale Situation eines Kollektivs.

Oder wenn eine als kritische Auseinandersetzung mit der Praxis der Exekution in der Geschichte der USA konzipierte Installation allen Ernstes als *reale Reproduktion einer Exekution* wahrgenommen wird.

Oder wenn für die Beurteilung der Werke sogenannter Migrantenliteratinnen und -literaten im deutschsprachigen Raum nicht Kriterien der Literatur den Ausschlag zu geben scheinen, sondern die Frage, ob sie über „ihre Kultur" authentische Auskunft zu geben imstande sind – dann haben wir es mit einer Kunstauffassung zu tun, die die Kunst qua Wahrheitspflicht *entkunstet.* Nennen wir unsere von dieser Kunstauffassung geprägte Epoche die Epoche der *Kunst als Wahrheit.*

Vor diesem Hintergrund bin ich versucht, Peter Bauhuis' geniale Fälschung als radikale kritische Intervention zu interpretieren, die angesichts der aktuellen Tendenzen die kunstphilosophische Reset-Taste betätigt, um zum platonischen Ursprung der Kunstphilosophie zurückzukehren. Zu dessen Auffassung der *Kunst als Lüge* – in der Hoffnung, von dort aus der Kunst die Perspektive zu eröffnen, irgendwann einmal wieder als *Kunst* wahrgenommen zu werden.

Ich bin kein Experte, sagt Dr. Polar, aber deine Analyse ist viel zu einseitig und, entschuldige bitte, ziemlich absurd. Es gibt doch in der Literatur nach wie vor unendlich viele Texte, die rein fiktiv sind – und niemand käme auf die abstruse Idee, sie für wahr zu halten. Diese Geschichte zum Beispiel, die du in deinem Roman *Teheraner und Amerikaner* …

Teheraner sind *Amerikaner*, korrigiert Bastani.

Die Geschichte, du weißt schon, von dem Geschäftsmann aus Teheran in München … wo es eh auch um den Galliumschmuck geht …

Auf diese Geschichte will ich ja von Anfang an hinaus, sagt Bastani, der Teheraner Geschäftsmann kommt also nach München, ein untypischer Geschäftsmann, weil sehr gebildet, und zufällig führt ihn sein Weg in die *Archäologische Staatssammlung* zu der Bauhuis'schen Ausstellung und ist genauso fasziniert wie ich, weil aber Geschäftsmann, fragt er sich, ob respektive wie man diese Galliumschmuck-Idee zu Geld machen könnte. Es ist ihm natürlich bewußt – das ist ja der Clou der ganzen Ausstellung –, daß es nicht möglich ist, diesen Schmuck zu *tragen*. Auf einmal fällt ihm aber eine gewisse Teheranisch-Islamische Institution ein und er denkt sich: Wer sagt denn, daß es nicht möglich ist, diesen Schmuck zu tragen?

Aus *Wikipedia, die Freie Enzyklopädie*

> *In der Teheranisch-Islamischen* Genußehe, *die nur auf kurze Zeit und ausschließlich zum Zwecke des (geschlechtlichen) Genusses geschlossen wird, können nach Teheranisch-Islamischer Lehre ein Mann und eine Frau eine Ehe durch einen unwiderruflichen Vertrag eingehen. Dieser Vertrag bedingt keinerlei Zeugen und muß nicht vor einem Richter geschlossen werden. Notwendig sind aber genaue Angaben über den an die Frau zu entrichtenden Lohn sowie über den Zeitraum, welcher* mindestens eine halbe Stunde *und höchstens 99 Jahre betragen darf und nach dessen Ablauf keine Verlängerung möglich ist.*

Unser Geschäftsmann will den Umstand, daß die ausgestellten Galliumringe im Falle, daß man sie respektive frau sie trägt, etwa nach einer halben Stunde schmelzen und daß, zum anderen, der Zeitraum der meisten Genußehen in Teheran auch nicht länger als eine halbe Stunde beträgt, nutzen, um aus der Not des niedrigen Schmelzpunkts eine (geschäftliche) Tugend zu machen. Zurück in Teheran erteilt er einem befreundeten Goldschmied den Auftrag zur Anfertigung eines Kontingents an Fingerringen aus Gallium – um diese in speziell auf Angehörige der Teheraner *Gothic-Szene* abgestimmten Werbeeinschaltungen im Internet, in denen Themen wie die Vergänglichkeit der Liebe auf düster-romantische Weise mit *anakreontischen Motiven* verknüpft werden, als *Genußeheringe* anzupreisen.

Das Projekt wurde zum durchschlagenden Erfolg, womit niemand gerechnet hätte, nicht einmal der Geschäftsmann. Denn wer hätte gedacht, daß die altvaterische Institution der Teheranisch-Islamischen Genußehe ausgerechnet in Kreisen der Teheraner Gothic-Jugend auf, noch dazu begeisterte, Akzeptanz stoßen würde? Allerdings wäre der Geschäftsidee nicht jener unglaubliche, sämtliche Erwartungen sprengende Erfolg beschieden gewesen, über dessen Ursachen Fachkreise der Soziologie und der Psychologie sich seit Jahren in Teheran den Kopf zerbrechen, wäre der Verkauf der Genußeheringe auf die mehr als überschaubare Gothic-Szene in Teheran beschränkt geblieben und hätte der diskrete, von der Außenwelt streng abgeschirmte Charakter der traditionellen Teheranisch-Islamischen Genußehe sich nicht in ebendieser Szene zu einem düster-romantischen *Gruppenritual* entwickelt, das, unbestätigten Gerüchten zufolge mitunter orgiastisch entgleisend, mit der altehrwürdigen Institution der Teheranisch-Islamischen Genußehe genauso wenig zu tun hat wie eine Münchner Fronleichnamsprozession mit der Loveparade –

Na also, sagt Dr. Polar, diese geniale Fiktion würde doch niemand für real halten.

Ich danke dir, sagt Bastani, das hattest du damals, nachdem du den Roman gelesen hattest, ja auch schon gesagt und ich gestehe, es hat mir so sehr geschmeichelt, daß ich es nicht übers

Herz bringen konnte, deine und in gewisser Weise auch meine Illusion zu zerstören.

Wie meinen?, fragt ein sichtlich irritierter Polar.

Einen Moment lang hatte ich die Illusion, ich hätte die Geschichte mit den Genußeheringen tatsächlich erfunden.

Hast du nicht?

Nein, sagt ein gänzlich zerknirschter Bastani, die Teheranisch-Islamischen Genußeheringe sind genauso wenig fiktiv

https://www.yjc.ir/fa/news/6242465/طریقه-خواندن-صیغه-
ازدواج-موقت

wie jene andere Passage des Romans, wir hatten neulich darüber gesprochen, in der ich behaupte, „eine Teheraner Kunsthistorikerin“ hätte „die wahrscheinlich erste Anwendung der modernen Kunst als Foltermethode aufgedeckt“. Zwar wurde die moderne Kunst nicht, wie der Roman behauptet, in Teheran nach der Revolution, der Islamischen, zu Folterzwecken verwendet, wohl aber während des spanischen Bürgerkriegs in Barcelona, was der Barceloner Kunsthistoriker José Milicua aufgedeckt hat – und nicht „eine Teheraner Kunsthistorikerin“.

https://www.telepolis.de/features/Moderne-Kunst-als-Folter-3428298.html

1 In alter Rechtschreibung

2 Theodor W. Adorno, *Ästhetik (Vorlesungen 1958/59)*, Frankfurt am Main 2017, S. 72

3 Ludwig Friedländer, *Sittengeschichte Roms*, Leipzig 1922, S. 90

4 Alexis de Tocqueville, *Über die Demokratie im Amerika*, München 1976, S. 537

„Und schreibt ohne Falsch und Heuchelei alles nieder …“

Wieviel Freud steckt in Musil? Wieviel Literatur steckt in Freud?

Auszüge aus einem im November 2021 zusammen mit Walter Fanta auf der Tagung *Musil und die Psychologie* gehaltenen Vortrag über Robert Musil und Sigmund Freud

Solche Menschen üben eine ungewöhnliche Anziehung auf andere aus, weil sich die moralische Bewegung, in der sie sich unausgesetzt befinden, diesen mitteilt; in ihren Gesprächen nimmt alles eine persönliche Bedeutung an, und weil man sich im Verkehr mit ihnen unausgesetzt mit sich selbst beschäftigen darf, bereiten sie ein Vergnügen, das man sonst nur gegen Honorar bei einem Psychoanalytiker […] gewinnt, noch dazu mit dem Unterschied, daß man sich dort krank fühlt, während Walter den Menschen dazu verhalf, sich aus Gründen, die ihnen bisher entgangen waren, sehr wichtig vorzukommen.
Robert Musil[1]

1905, ein Jahr vor Erscheinen von Robert Musils *Verwirrungen des Zögling Törleß*, wollte sich Bruno Goetz, ein junger deutsch-baltischer Lyriker, der in Wien Philosophie und Literaturgeschichte studierte und an heftigen Gesichtsneuralgien sowie an Geldmangel litt, auf Anraten seines Lehrers, Heinrich Gomperz, bei Freud in Analyse begeben. Freud lehnte es – mit der Begründung, die analytische Kur würde seiner poetischen Schöpferkraft Abbruch tun – ab, ihn zu analysieren, verordnete ihm Medikamente und führte mehrere väterlich-freundschaftliche Gespräche mit ihm, unter anderem über seine Gedichte. Dabei übte er „eine ungewöhnliche Anziehung“ auf den jungen Mann aus. „Ich hatte noch nie einen solchen Menschen gesehen", schreibt er ein halbes Jahrhundert später in seinen *Erinnerungen an Sigmund Freud*.[2] Beim Abschied überreichte ihm Freud einen Geldumschlag mit 200 Kronen (dies entspräche heute 1400 Euro).

Über Freuds widersprüchliche Beziehung zu den Dichtern ist viel geschrieben worden. Dass er sie bewundert und als Gesinnungsgenossen und Verbündete, im Falle Schnitzlers gar als „Doppelgänger", bezeichnete. Dass er sie beneidete und ihnen zugleich die Rolle von behandlungsbedürftigen Neurotikern zuwies. Dass er sie, weil sie „das Vorrecht der poetischen Lizenz" genießen würden, „unverantwortlich"[3] nannte und dass er die Kunst, neben der Philosophie und der Religion, zu jenen drei Mächten zählte, die „der Wissenschaft Grund und Boden bestreiten"[4] – oder dass er Gerhart Hauptmann einen „unsympathischen Kerl" und den Protagonisten seines Stückes *Griselda* einen „verrückte[n] Hund" nannte, „der ins Irrenhaus gehöre".[5]

Diese komplizierte Gemengelage scheint die Schwierigkeiten psychoanalytischer Literaturinterpretationen in den Werken Freuds wie auch in jenen seiner Nachfolger vorwegzunehmen. Und ihre altbekannte Tendenz, Werke der Literatur als Symptome der Persönlichkeit, der Biographie und der Pathologie ihrer Schöpfer zu interpretieren – mit Adorno zu sprechen, den Anschein zu erwecken, „das Schöne" sei nichts als „abgelenkte Sexualität".[6]

„Der Verdacht, dass bei einem solchen, bloß applizierenden Zugriff auf Autoren oder literarische Figuren wesentliche Qualitäten literarischer Texte verloren [gehen]", schreibt Roger Hofmann, „trifft psychoanalytische [...] Literaturinterpretationen von mehreren Seiten: Die Schriftsteller [...] fragen mit einigem Recht, weshalb es einer literarischen Praxis bedürfe, wenn ihre Werke [...] als bloßes Ornament auf eine ‚durchleuchtete Persönlichkeit' oder auf allgemeine Begriffe zurückgeführt würden, die andernorts – und möglicherweise mit weniger Aufwand – ebenso aufgefunden werden können; die Literaturwissenschaft [...] beklagt die Vernachlässigung der Form und damit letztlich auch des ästhetischen Urteils. Denn die Genese eines Werkes kann kaum dessen Struktur erklären." Unzufrieden sei am Ende auch der klinische Psychoanalytiker, denn: „Literarische Texte kommen anders als Analysanten[7] nicht auf die Couch, sondern auf die Verkaufstische von Buchhandlungen, und sie sprechen auch nach einer intervenierenden Deutung nicht weiter. Bei den Protagonisten eines literarischen Werkes handelt es sich nicht um Analysanten, sondern buchstäblich um fiktive Figuren, und auch der Rückgriff auf den Autor als vermeintlichen Ursprung des Werkes [...] kann sich nur auf Äußerungen stützen, deren Wahrheitsgehalt nicht über denjenigen des literarischen Textes selbst gestellt werden kann."[8]

Vor diesem Hintergrund können wir die ablehnende Reaktion Sigmund Freuds auf das Ansinnen des jungen Dichters, sich bei ihm in Analyse zu begeben, als Hinweis auf eine unentdeckte Facette seiner Beziehung zur Literatur lesen: auf ein Schuldgefühl gegenüber den Dichtern. Schuldgefühl, zum einen, angesichts des interpretatorischen Umgangs der Psychoanalyse mit literarischen Texten. Zum anderen mag ihn aber auch die vermeintlich oder tatsächlich hemmende Wirkung der Psychoanalyse auf den literarischen Produktionsprozess veranlasst haben, den jungen Goetz vor dem Kosten vom Baum der psychoanalytischen Erkenntnis beschützen zu wollen, vor dem Verlust des Standes der dichterischen Unschuld – und vor jenem „Wertverlust" ihrer Werke, der, mit dem österreichischen Psychoanalytiker Alfred Winterstein zu sprechen, mit der „Beschäftigung der Künstler mit der Psychoanalyse"[9] einhergehen soll.

Dichterpsychologie

Als der Jüngere, als der, dessen Werke erst bekannt wurden, als Freud schon berühmt war, stieß er überall auf ihn, auf das

durch ihn schon Formulierte: ein Kolumbus, der beim Betreten amerikanischen Bodens feststellen mußte, daß er als Zweiter gekommen war.
Johannes Cremerius[10]

Die ganze Theorie ist eigentlich ein Stück uralter Dichterpsychologie. Bei jeder ersten Entdeckung, welche die Wissenschaft auf dem Gebiet der Seele macht, wird sich zeigen, daß die großen Dichter die Wikinger sind, die lange vor Kolumbus in Amerika waren.
Alfred Freiherr von Berger über Breuers und Freuds *Studien über Hysterie*[11]

Wenn wir, wie der Psychoanalytiker Johannes Cremerius behauptet, in Musils Begegnung mit Freud in exemplarischer Weise der Herausforderung begegnen, die Freuds Psychoanalyse für die Dichter bedeutete, zumal für jene „vom Typus ‚poeta doctus'". Und wenn Musil, wie Cremerius in weiterer Folge behauptet, Freud gegenüber „schuldig" geworden sein soll, weil er die Bedeutung der Wirkung der Psychoanalyse auf sein eigenes Werk verdrängt hätte – Cremerius spricht gar von „Musils aktive[m] Bemühen, Umfang und Bedeutung seiner Rezeption der Psychoanalyse zu verschleiern"[12], mag die Frage erlaubt sein, inwieweit und wie sehr – umgekehrt – Freud in der Schuld der Literatur steht. Tatsächlich verdanken die Theorie, aber auch die Praxis der Psychoanalyse der Literatur weit mehr, als es jene mittlerweile zu Gemeinplätzen avancierten Dikta Freuds vermuten lassen, in denen er seine beim Lesen der Werke Schnitzlers empfundene „Doppelgängerscheu" bekundet, die Wirkung der Literatur auf ihre Rezipienten als „milde Narkose" oder seine Krankengeschichten als Novellen charakterisiert.

*

Die heutige Novelle ist die Schwester des Dramas und die strengste Form der Prosadichtung. Gleich dem Drama behan-

delt sie die tiefsten Probleme des Menschenlebens; gleich diesem verlangt sie zu ihrer Vollendung einen im Mittelpunkte stehenden Konflikt, von welchem aus das Ganze sich organisiert, und demzufolge die geschlossenste Form und die Ausscheidung alles Unwesentlichen; sie duldet nicht nur, sie stellt auch die höchsten Forderungen der Kunst.
Theodor Storm[13]

Man wäre versucht, ausgehend von diesen Gedanken Theodor Storms, zwischen Freuds Rede von den Krankengeschichten der Psychoanalyse als Novellen und der psychoanalytischen Klinik eine Verbindung herzustellen, die Analysestunde als improvisiertes Drama aufzufassen, in dem „die tiefsten Probleme des Menschenlebens" behandelt werden und jene „im Mittelpunkt stehende[n] [neurotischen] Konflikt[e], von welchen aus das [g]anze [neurotische Elend] sich organisiert". Allerdings würden einer Psychoanalytikerin oder einem Psychoanalytiker, konfrontiert mit dem Begriffspaar „Psychoanalyse" und „Drama", weder Sigmund Freuds Krankengeschichten als Novellen einfallen noch Theodor Storm. Eher noch Freuds ethnopsychoanalytisches Werk *Totem und Tabu*, in dem er den Helden der griechischen Tragödie mit dem Urvater in seiner theoretischen Fiktion der Urhorde identifiziert und die „Genossen des Chors" mit dem Brüderclan, also seinen Mördern. In der griechischen Tragödie findet Freud zufolge eine Schuldumkehr „im Dienste einer raffinierten Heuchelei" statt: „In jener alten Wirklichkeit [der Urhorde, Anm. von mir] waren es gerade die Chorgenossen, die das Leiden des Helden verursachten; hier aber erschöpfen sie sich in Teilnahme und Bedauern, und der Held ist selbst an seinem Leiden schuld."[14]

Wen diese Passage an Nietzsches Beschreibung des mit Dionysos mitleidenden dionysischen Chors der griechischen Ur-Tragödie in *Die Geburt der Tragödie* erinnert, der mag sich bei der Lektüre des folgenden Zitats aus *Grundzüge der verlorenen Abhandlung des Aristoteles über Wirkung der Tragödie* (1857) des Philologen Jacob Bernays bestätigt fühlen. In dieser seinerzeit besonders in Wien vielbeachteten Schrift bricht Bernays mit der Tradition der Lessing'schen moralischen und der Goethe' schen ästhetischen Katharsis-Auffassung und versteht Katharsis als „Sollicitation“, als gezielte Erregung und Entladung von Emotionen. Bernays zitiert eine Stelle aus Aristoteles' *Politik*: „für Alle muss es irgend eine *Katharsis* geben und sie unter Lustgefühl erleichtert werden können. [...] In gleicher Weise nun wie andere Mittel der Katharsis bereiten auch die kathartischen Lieder den Menschen eine unschädliche Freude.“[15] Und schreibt in weiterer Folge:

„[W]ie durchaus fern liegt dem Aristoteles der Gedanke des vorigen Jahrhunderts [...], das Theater zu einem Filial- und Rivalinstitut der Kirche, zu einer sittlichen Besserungsanstalt zu machen, wie rücksichtslos [ist] er vielmehr bemüht [...], ihm den Charakter eines Vergnügungsortes für die verschiedenen Klassen des Publicums zu wahren.“[16]

Freud und Breuer waren mit Bernay's Werk wohlvertraut und entwickelten ihre kathartische Methode zur Abfuhr „eingeklemmter Affekte“ bei hysterischen Patientinnen angeregt durch die Theorien von Bernays, auf die auch Nietzsche in seiner *Geburt der Tragödie aus dem Geiste der Musi*k an zentraler Stelle reagiert.

Von der Kunst in drei Tagen ein Originalschriftsteller zu werden

„Nehmt einige Bogen Papier und schreibt drei Tage hintereinander ohne Falsch und Heuchelei alles nieder, was euch durch den Kopf geht. Schreibt, was ihr denkt von euch selbst, von euren Weibern, von dem Türkenkrieg, von Goethe [...], vom Jüngsten Gericht, von euren Vorgesetzten – und nach Verlauf der drei Tage werdet ihr vor Verwunderung, was ihr für neue, unerhörte Gedanken gehabt, ganz außer euch kommen. Das ist die Kunst, in drei Tagen ein Originalschriftsteller zu werden!“[17]

Die kathartische Methode war die Vorstufe der heute noch von Psychoanalytikern, genauer gesagt von ihren Analysanden, angewendeten Technik der Freien Assoziation, bei der Letztere aufgefordert sind, „ohne Falsch und Heuchelei" alles zu sagen, was ihnen in den Sinn kommt. Die zitierte Passage aus dem Aufsatz „Die Kunst, in drei Tagen ein Originalschriftsteller zu werden" des Schriftstellers und Theaterkritikers Ludwig Börne könnte man für eine Anweisung Freuds an die Adresse einer Analysandin halten. Mit dem Unterschied, dass es Börne um die Produktion von Literatur zu tun war, Freud um die Produktion von Material für den psychoanalytischen Prozess. Allerdings wirft der Umstand, dass Freud zu seinem 14. Geburtstag eine Ausgabe der Werke Ludwig Börnes geschenkt bekam, sie mit „großem Eifer"[18] las und fünfzig Jahr später meint, er sei besonders erstaunt gewesen, „in der Anweisung zum Originalschriftsteller einige Gedanken ausgesprochen zu finden, die er selbst immer gehegt und gepflegt habe"[19], ein weiteres bemerkenswertes Licht auf die Frage, inwiefern – und wie sehr – die Psychoanalyse Freuds tatsächlich in der Schuld der Literatur steht.

Freud und Shakespeare

Aber einmal, weißt du, hat ein Bub aus seiner Schule eine Stelle aus Shakespeare wörtlich so übersetzt:
‚Feige sterben oftmal vor ihrem Tod;
Die Tapfern kosten niemals vom Tode außer einmal.
Von all den Wundern, die ich noch habe gehört,
Es scheint für mich sehr seltsam, daß Menschen sollten fürchten,
Sehend, daß Tod, ein notwendiges Ende,
Wird kommen, wann er will kommen.'
Und er verbesserte das, ich habe das Heft selbst gesehen:
‚Der Feige stirbt schon vielmal, eh' er stirbt!
Die Tapfern kosten einmal nur den Tod.
Von allen Wundern, die ich je gehört,
Scheint mir das größte …' und so weiter nach der Ratsche der

Schlegel-Übersetzung! […] Ulrich starrte mit gerunzelter Stirn seine Schwester an. „Ein Mensch, der ein altes Gedicht nicht glättet, sondern in seiner Verwitterung halb zerstörten Sinnes beläßt, ist der gleiche […], der auf Vollständigkeit überhaupt keinen Wert legt und darum auch von seinen Empfindungen nicht erwarten wird, daß sie ‚ganz' seien. Sie wird geküßt haben", schloß er daraus mit einer plötzlichen Wendung „ohne gleich mit ganzem Leib einzustürzen!"[20]

In dieser Passage aus *Der Mann ohne Eigenschaften* begegnet Ulrich dem „Material", das ihm seine Schwester Agathe anbietet, indem sie Shakespeares *Julius Cäsar* zitiert und dabei ihren Ehemann, den Lehrer Hagauer, verspottet, mit „gleichschwebender Aufmerksamkeit". Und in einer „plötzlichen Wendung" – der Psychoanalytiker Michael Bálint würde von einem „Flash" reden – scheint sich ihm ein Aspekt von Agathes Persönlichkeit zu offenbaren. Musil, dessen Romanheld hier auf eine Shakespeare-Übersetzung wie ein Psychoanalytiker reagiert, wird wohl nicht gewusst haben, welch zentrale Rolle die Werke Shakespeares für die Theorien der Psychoanalyse gespielt haben. „Shakespeare", schreibt Harold Bloom, „is everywhere in Freud, far more present when unmentioned than when he is cited."[21] Und: „For many years I have taught that Freud is essentially prosified Shakespeare: Freud's vision of human psychology is derived, not altogether unconsciously, from his reading of the [Shakespearean] plays."[22] Und Jack J. Spector zufolge soll Freud, während er auf seinen Bücherschrank wies, der Shakespeare und die griechischen Tragiker enthielt, dem französischen Dramatiker Henri-René Lenormand anvertraut haben: „Dies sind meine Meister".[23]

Freuds Beziehung zu Shakespeare, den er oft auswendig, wenn auch nicht immer fehlerfrei, zitierte, stellt uns einen weiteren Baustein zur Beantwortung der Frage, wie sehr seine Psychoanalyse in der Schuld der Literatur steht, zur Verfügung. Dass gerade Shakespeare für Freud so überaus bedeutsam wurde, mag zum einen mit seiner Beziehung zu England in Zusammenhang stehen – Freud bezeichnete England als sein „Sehnsuchtsland“[24] und beschäftigte sich laut Ernest Jones in seiner Freizeit hauptsächlich mit englischer Literatur.[25] Zum anderen mit der Shakespeare-Rezeption in Deutschland, wo letzterer gegen Ende des 18. Jahrhunderts mit „der allgemeinen Hinwendung des literarisch mündig gewordenen deutschen Bürgertums zur englischen Kultur“[26] und nicht zuletzt dank der Schlegel-Tieck-Übersetzung immens populär wurde, so sehr, dass der – als „*der* deutsche Geist“ bezeichnete – Shakespeare im 19. Jahrhundert neben Schiller und Goethe zum „dritten großen deutschen Nationalautor“ avancierte und *Hamlet* „für ein Jahrhundert und mehr […] neben Faust zum Inbild des deutschen Charakters“ wurde[27]. Die Ästhetik-Vorlesungen Hegels „mit ihrer auf die Charaktere konzentrierten Betrachtung“ ebneten in weiterer Folge den Weg für die *Psychologisierung* der Shakespeare'schen Dramenfiguren, die Hegel „aus dem dramatischen Kontext [herauslöste] und wie real existierende historische Persönlichkeiten“[28] behandelte. Freud tat es ihm – wie wir sehen werden – gleich, wobei ihm allerdings die zentrale Bedeutung der Darstellung der inneren Konflikte seiner Figuren bei Shakespeare selbst entgegenkam.

Ödipus oder Hamlet?

> *Da ich selbst noch ohne Ödipus aufgewachsen bin, kann ich mich natürlich nur mit großer Vorsicht über diese Fragen äußern, aber ich bewundere die Methoden der Psychoanalyse. Ich erinnere mich aus meiner Jugendzeit an das Folgende: Wenn einer von uns Knaben von einem anderen mit Beschimpfungen so überhäuft wurde, daß ihm beim besten Willen nichts einfiel, den Angriff mit gleicher Kraft zu erwidern, so gebrauchte er einfach das Wörtchen „selbst“, das, in die Atempausen des anderen eingeschaltet, auf kurzem Wege alle Beleidigungen umkehrte und zurückschickte. Und ich habe mich sehr gefreut, als ich beim Studium der psychoanalytischen Literatur wahrnehmen konnte, daß man allen Personen, die vorgeben, daß sie nicht an*

die Unfehlbarkeit der Psychoanalyse glauben, sofort nachweist, daß sie ihre Ursachen dazu hätten, die natürlich wieder nur psychoanalytischer Natur seien.
Robert Musil[29]

Freuds Rekurs auf Hamlet wird häufig, und zu Recht, mit dem Ödipuskomplex in Zusammenhang gebracht. Allerdings existiert, zumal in psychoanalytischen Kreisen, das Gerücht, dass Freud seine Theorie des Ödipuskomplexes zunächst in Zusammenhang mit seiner Auseinandersetzung mit der Ödipussage respektive dem sophokleischen *König Ödipus* entwickelt und sie erst später auf Hamlet – als einen modernen Repräsentanten des Ödipuskomplexes – übertragen hätte. Tatsächlich betritt aber der sogenannte Ödipuskomplex gleichzeitig mit Hamlet die Bühne der psychoanalytischen Theorie. „Ich habe die Verliebtheit in die Mutter und die Eifersucht gegen den Vater auch bei mir gefunden", schreibt Freud am 15. Oktober 1897 an Wilhelm Fließ, zunächst mit Bezugnahme auf *König Ödipus*. Im selben Brief heißt es dann aber:

„Flüchtig ist mir durch den Kopf gegangen, ob dasselbe nicht auch dem Hamlet zugrunde liegen möchte. Ich denke nicht an Shakespeares bewußte Absicht, sondern glaube lieber, daß eine reale Begebenheit den Dichter zur Darstellung reizte, indem das Unbewußte in ihm das Unbewußte im Helden verstand …".[30]

Wir begegnen hier ein weiteres Mal – vergleiche seine oben erwähnte Äußerung über den Protagonisten von Gerhard Hauptmanns *Griselda* – Freuds Tendenz, literarische Figuren wie real existierende Personen zu behandeln. Ein Konkretismus, auf dessen Grundlage er wesentliche Teile seiner Theorie entwickelte. Und man ist versucht, sich zu fragen, ob er nicht mitunter – umgekehrt – real existierende Patienten durch die Brille seiner Theorien wie literarische Figuren betrachtet haben mag. Diese Rezeptionshaltung Freuds würde Musil wohl ähnlich kommentieren, wie er jene des Psychoanalytikers Theodor Reik, in seiner Rezension über dessen Buch „Arthur Schnitzler als Psychologe", beurteilte:

„Gestalten eines Dichters haben keine Seele. Keine kausale. Keine in sich selbst verständliche. Das ganze Unterfangen geht von einer falschen Voraussetzung aus. Personen eines Dichtwerks wie lebende Menschen behandeln ist die Naivität eines Affen, der in den Spiegel greift. Was man im Dichtwerk Psychologie nennt, scheidet sich an diesem Punkt von der wissenschaftlichen. Nie sind diese Personen kausal erklärbar [...] insgesamt bilden sie das noch recht unbekannte Land: Ästhetik."[31]

Aber zurück zu Hamlet und Ödipus. Einige Autoren wie Asbjørn Tjeldflåt gehen in der theoretischen Aufwertung des Ersteren dem Letzteren gegenüber noch einen Schritt weiter. Sie bezweifeln, dass Ödipus einen Ödipuskomplex hatte, da sie sich fragen, wie man Ödipus einen (später verdrängten) Vater-Sohn-Konflikt zuschreiben könne, wenn er seinen Vater, den er schließlich tötete, zuvor gar nicht gekannt hatte.[32] Und Erich Fromm bemerkte, dass Ödipus seine Mutter, Jokaste, nicht heiratete, weil er sie begehrte, sondern weil sie zum Thron gehörte.[33]

„Hamlet kann alles, nur nicht die Rache an dem Mann vollziehen, der seinen Vater beseitigt und bei seiner Mutter dessen Stelle eingenommen hat, an dem Mann, der ihm die Realisierung seiner verdrängten Kinderwünsche zeigt. Der Abscheu, der ihn zur Rache drängen sollte, ersetzt sich so bei ihm durch Selbstvorwürfe, durch Gewissensskrupel, die ihm vorhalten, daß er, wörtlich verstanden, selbst nicht besser sei als der von ihm zu strafende Sünder. Ich habe dabei ins Bewußte übersetzt, was in der Seele des Helden unbewußt bleiben muss."[34]

Ausgehend von diesen und anderen Freud'schen Textstellen meint Harold Bloom, dass wir jenem Komplex, den Freud nach Ödipus benannt hat, in Wahrheit im Hamlet und nicht im König Ödipus des Sophokles begegnen. So dass der nach Ödipus benannte Komplex eigentlich „Hamletkomplex" heißen müsste. „It is not so much that Freud brought the Oedipus complex to Hamlet", sekundiert Norman N. Holland, „as that Hamlet brought the Oedipus complex to Freud."[35] „But the Hamlet complex", schreibt Bloom, „would have drawn the menacing Shakespeare too closely into the matrix of psychoanalysis; Sophocles was far safer and also offered the prestige of classical origins."[36] Und: „Oedipus Rex is viewed abstractly and at a great distance from the text, while Hamlet is up close, and details and verbal reminiscences abound."[37] Hier könnte man Freud – gleichsam spiegelbildlich – genau jene Tatbestände vorwerfen, die Cremerius Musil vorwirft: Verdrängung und bewusste Verschleierung.

Und das würde, Bloom und Yin Xu zufolge, nicht bloß für Ödipus/Hamlet gelten: „Man könnte Freuds *Totem und Tabu* als eine Art Remake von *Julius Cäsar* betrachten", schreibt Bloom mit Blick auf Sigmund Freuds theoretische Fiktion über den Beginn der Kultur im Gefolge des Mordes am Urvater der sogenannten Urhorde – und erwähnt dabei eine Überlieferung, wonach Brutus ein „natürlicher Sohn" Cäsars gewesen sei.[38] Freud selbst führt als einzige Inspirationsquelle für seine Theorie von der Urhorde die Thesen von Charles Darwin an. Darwins Theorien betreffen allerdings, wie Yin Xu bemerkt, bloß die Vorgeschichte jener Entwicklungen, die Freud zufolge am Anfang der Kultur standen – der sexuellen Urrevolution der Söhne, des Urvatermords und der Schuldgefühle der Brüderschar,[39] so dass man hier von einem weiteren Freud'schen „Akt der Verschleierung" sprechen könnte, der für seine Urhordentheorie eine „falsche", genauer gesagt, unvollständige wissenschaftliche Quelle angibt statt der „richtigen" literarischen.

Andere literarische Inspirationsquellen für Freuds Urhordentheorie waren laut Yin Xu die beiden Shakespeare'schen Königsdramen *Richard II.* und *Richard III.* – und *Die Brüder Karamasow.* Jener Roman Dostojewskijs, in dessen Mittelpunkt der Gutsbesitzer Fjodor Pawlowitsch Karamasow steht, der alles – Reichtum und Frauen – für sich beansprucht und seinen Söhnen nichts gönnt, von ihnen gehasst und schließlich von einem der Söhne ermordet wird, wobei aber jeder der Brüder auf seine Weise am Vatermord beteiligt ist – für Freud, „der großartigste Roman, der je geschrieben wurde“.[40] Über dessen Autor schreibt er allerdings in einem Brief an Theodor Reik: „Sie haben [...] recht mit der Vermutung, daß ich Dostojewski bei aller Bewunderung seiner Intensität und Überlegenheit eigentlich nicht mag. Das kommt daher, daß sich meine Geduld mit pathologischen Naturen in der Analyse erschöpft. In Kunst und Leben bin ich gegen sie intolerant.“[41]

Yin Xu vermutet, dass Freud Dostojewskij, den Nietzsche den „einzigen Psychologen“ nennt, „von dem ich etwas zu lernen hatte“,[42] gerade um dessen psychologische Einsichten beneidete. Und nennt in diesem Zusammenhang neben *Die Brüder Karamasow* auch die Romane *Schuld und Sühne* und *Der Spieler*. „Dass Dostojewskij die Tiefen der Menschenseele enthüllen möchte“, schreibt er, „und dieses Ziel auch mit ausgezeichneten Werken erreicht, macht ihn für Freud zu einem Konkurrenten [...] Daher versucht er immer wieder Dostojewskij in seiner Rolle als Seelenkenner abzuqualifizieren: ‚Den Psychologen Dostojewski habe ich allerdings dem Dichter subsummiert. Ich hätte ihm auch vorzuwerfen, daß sich seine Einsicht so sehr auf das abnorme Seelenleben einschränkt. Denken Sie an seine erstaunliche Hilflosigkeit gegen die Phänomene der Liebe; eigentlich kennt er nur das rohe, triebhafte Begehren, die masochistische Unterwerfung und die Liebe aus Mitleid.‘[43]“[44]

Kunst als Schnaps

In einem jener väterlichen Gespräche, die er mit Bruno Goetz führte, meinte Freud – nachdem er über seine eigene Literaturrezeption als einfacher „Kunstgenießer“ einerseits und als Wissenschaftler andererseits gesprochen hatte:

„In der Hauptsache bin ich [aber] Arzt und möchte den vielen Menschen, die heute innerlich in einer Hölle leben, helfen, so gut ich irgend kann. Nicht in irgendeinem Jenseits, sondern hier auf der Erde leben die meisten Menschen in einer Hölle: das hat Schopenhauer sehr richtig gesehen. Meine Erkenntnisse, meine Theorien und Methoden haben den Zweck, ihnen diese Hölle bewußt zu machen, damit sie sich aus ihr befreien können. Erst wenn sie frei atmen gelernt haben, werden sie vielleicht wieder erfahren, was Kunst sein kann. *Jetzt mißbrauchen sie sie als Betäubungsmittel*, um wenigstens für ein paar Stunden ihre Qualen loszuwerden. Sie ist für die Menschen eine Art von Schnaps [Hervorhebung von mir].“[45]

Vergleichen wir diese Aussagen Freuds mit jener Passage im *Unbehagen in der Kultur*, in der er die Beschäftigung mit der Phantasie als ein Verfahren bezeichnet, „bei dem die Befriedigung aus Illusionen gewonnen [wird], die man als solche erkennt, ohne sich durch deren Abweichung von der Wirklichkeit im Genuß stören zu lassen“. „Obenan unter diesen Phantasiebefriedigungen“, heißt es in weiterer Folge, stünde „der Genuß an Werken der Kunst [...] Doch vermag die *milde Narkose*, in die uns die Kunst versetzt, nicht mehr als eine flüchtige Entrückung aus den Nöten des Lebens herbeizuführen und ist nicht stark genug, um reales Elend vergessen zu machen [Hervorhebung von mir].“[46]

25 Jahre nach seiner Begegnung mit Bruno Goetz scheint Freud die „Schnapsfunktion der Kunst“ nicht mehr als Folge von deren Missbrauch aufzufassen, sondern als ihr unveränderliches Wesensmerkmal. Und jenes in der von Goetz überlieferten Freud'schen Kunsttheorie enthaltene utopische Moment – „Erst wenn [die Menschen] frei atmen gelernt haben, werden sie vielleicht wieder erfahren, was Kunst sein kann“ – scheint im *Unbehagen in der Kultur*, zumindest in dieser Passage, gänzlich zu fehlen.

Der Frage, welche Konsequenzen sich aus der Konfrontation der beiden Freud'schen Kunstdiagnosen („Kunst als Schnaps" und „Kunst als milde Narkose") mit unserer These von der „Geburt der Psychoanalyse aus dem Geiste der Literatur" ergeben mögen, würde ich gerne bei einer anderen Gelegenheit nachgehen.

1 Robert Musil, *Der Mann ohne Eigenschaften I Erstes und Zweites Buch*, Hamburg 2000, S. 93

2 Bruno Goetz, *Erinnerungen an Sigmund Freud.* Ich bedanke mich bei Christfried Tögel, der mir das Typoskript via Daniela Finzi vom Sigmund Freud Museum Wien, bei der ich mich ebenfalls bedanken möchte, zur Verfügung stellte.

3 Sigmund Freud, *Neue Folge der Vorlesungen zur Einführung in die Psychoanalyse.* In ders., Gesammelte Werke, Bd XV, S. 113

4 Ebd., S. 173

5 *Oliver Pfohlmann, Eine finster drohende und lockende Nachbarmacht? Untersuchungen zu psychoanalytischen Literaturdeutungen am Beispiel Robert Musils*, München 2003, S. 48

6 Theodor W. Adorno, *Ästhetik (Vorlesungen 1958/59)*, Frankfurt am Main 2017, S. 56

7 „Peter Widmer zufolge würde Lacan den im Deutschen und im Englischen üblichen Terminus ‚Analysan*d*' deshalb durch ‚Analysan*t*' ersetzen, um damit die Affinität zum Terminus ‚Signifikant' zu betonen", dafür gäbe es allerdings keinen Beleg, schreibt Rolf Nemitz in seinem Blog *Lacan entziffern.* https://lacan-entziffern.de/uebersetzungsfragen/analysant/

8 Roger Hofmann, *Spannungen – Psychoanalyse, Literatur, Literaturwissenschaft.* In Hans-Dieter Grondek et al. (Hrsg.), *Jacques Lacan – Wege zu seinem Werk*, Stuttgart 2001, S. 189 f.

9 Alfred Winterstein, Imago, Bd 7, 1921, zitiert nach Oliver Pfohlmann, *Eine finster drohende und lockende Nachbarmacht?*, S. 50

10 Johannes Cremerius, *Robert Musil. Das Dilemma eines Schriftstellers vom Typus „poeta doctus" nach Freud.* In PSYCHE, Zeitschrift für Psychoanalyse und ihre Anwendungen, Jahrgang 33, Heft 8, Stuttgart 1979, S. 740

11 Alfred Freiherr von Berger, *Chirurgie der Seele*, Wiener Morgen-Presse, 2. Februar 1896, zitiert nach Yin Xu, *Von psychologischer Literatur zur literarisierten Psychoanalyse. Studie zum literarischen Einfluss auf die Entstehung der*

psychoanalytischen Theorie Sigmund Freuds. Dissertation, Berlin 2018 https://refubium.fu-berlin.de/bitstream/handle/fub188/23097/Dissertation-Xu%20Yin.pdf?sequence=1&isAllowed=y

12 Johannes Cremerius, *Robert Musil. Das Dilemma eines Schriftstellers vom Typus „poeta doctus" nach Freud*, S. 747

13 Theodor Storm, *Eine zurückgezogene Vorrede aus dem Jahre 1881.* In ders., Sämtliche Werke, Bd 8, Leipzig, 1920, S. 122

14 Sigmund Freud, Totem und Tabu. In ders, Gesammelte Werke, Bd IX, Frankfurt am Main 1999, S. 188

15 Jacob Bernays, *Grundzüge der verlorenen Abhandlung des Aristoteles über Wirkung der Tragödie*, Breslau 1857, S. 140

16 Ebd., S. 148

17 Ludwig Börne, *Die Kunst, in drei Tagen ein Originalschriftsteller zu werden.* In ders., Sämtliche Schriften, Bd 1, Düsseldorf 1964, S. 743

18 Yin Xu, *Von psychologischer Literatur zur literarisierten Psychoanalyse*

19 Sigmund Freud, *Zur Vorgeschichte der analytischen Technik.* In ders, Gesammelte Werke, Bd XII, Frankfurt am Main 1999, S. 312

20 Robert Musil, *Der Mann ohne Eigenschaften I Erstes und Zweites Buch*, Hamburg 2000, S. 704 f.

21 Harold Bloom, *The Western Canon. The Books and School of the Ages.* New York, San Diego und London 1994, S. 391

22 Ebd., S. 371

23 Yin Xu, *Von psychologischer Literatur zur literarisierten Psychoanalyse*

24 Ebd.

25 Ebd.

26 Ina Schabert (Hg.), *Shakespeare-Handbuch.* Stuttgart 2009, zitiert nach Yin Xu, *Von psychologischer Literatur zur literarisierten Psychoanalyse*

27 Ebd.

28 Ebd.

29 Robert Musil, *Der bedrohte Ödipus.* In ders., Gesammelte Werke, Bd. 7, Hamburg 1978, S. 528

30 Sigmund Freud, *Aus den Anfängen der Psychoanalyse*, zitiert nach Jean Starobinski, *Psychoanalyse und Literatur*, Frankfurt am Main, 1990, S.112

31 Robert Musil, *Arthur Schnitzler als Psychologe*, zitiert nach Karl Corino, *Ödipus oder Orest? Robert Musil und die Psychoanalyse.* In U. Baur und D. Goltschnigg (Hg.), *Vom ‚Törleß' zum ‚Mann ohne Eigenschaften'. Musil-Studien* 4, München 1973, S. 125

32 Vgl. Yin Xu, *Von psychologischer Literatur zur literarisierten Psychoanalyse*

33 Erich Fromm, *Der Ödipus-Mythos*, In Reinhold Wolff (Hg.), *Psychoanalytische Literaturkritik*, zitiert nach Yin Xu, *Von psychologischer Literatur zur literarisierten Psychoanalyse*

34 Sigmund Freud, *Die Traumdeutung*. In ders, Gesammelte Werke, Bd II/III, Frankfurt am Main 1999, S. 272

35 Norman N. Holland, *Psychoanalysis and Shakespeare*, zitiert nach Yin Xu, *Von psychologischer Literatur zur literarisierten Psychoanalyse*

36 Harold Bloom, *The Western Canon. The Books and School of the Ages.* New York, San Diego und London 1994, S. 381

37 Ebd., S. 380

38 Bloom Harold, *Shakespeare. Die Erfindung des Menschlichen*, Berlin 2000, S.171

39 Yin Xu, *Von psychologischer Literatur zur literarisierten Psychoanalyse*

40 Sigmund Freud, *Dostojewski und die Vatertötung*. In ders., Gesammelte Werke, Bd XIV, Frankfurt am Main 1999, S. 399

41 Theodor Reik, *Freud als Kulturkritiker. Mit einem Briefe Professor Sigmund Freuds*, zitiert nach Yin Xu, *Von psychologischer Literatur zur literarisierten Psychoanalyse*

42 Friedrich Nietzsche, Sämtliche Werke, Bd 6, Hg. von Giorgio Colli und Mazzino Montinari, zitiert nach Yin Xu, *Von psychologischer Literatur zur literarisierten Psychoanalyse*

43 Theodor Reik, *Freud als Kulturkritiker*

44 Yin Xu, *Von psychologischer Literatur zur literarisierten Psychoanalyse*

45 Bruno Goetz, *Erinnerungen an Sigmund Freud*

46 Sigmund Freud, *Das Unbehagen in der Kultur*, Frankfurt am Main 2000, S.47

You're so special – just like anybody else
Kunst, Identität und die Psychologie der Massen in der Digitalmoderne

Vortrag am 10. Juni 2022 im Sigmund Freud Museum Wien

Die Frage, die ich heute stellen und ein Stück weit zu beantworten versuchen will, die Frage nämlich, inwiefern die in Freuds *Massenpsychologie und Ich-Analyse* entwickelten Thesen zur Analyse von gegenwärtigen, identitätspolitisch motivierten Debatten über Kunst und Literatur beizutragen vermögen – Debatten, die überwiegend im Internet stattfinden, einem Medium, das wie kein anderes Massen zu mobilisieren vermag –, diese Frage birgt eine Gefahr, auf die uns Adorno in seinen *Drei Studien zu Hegel* nachdrücklich aufmerksam macht. Dort weist er den „unverschämten Anspruch" zurück, dass

„wer das fragwürdige Glück besitzt, später zu leben, [...] darum auch souverän dem Toten eine Stelle zuweisen und damit gewissermaßen über ihn sich stellen dürfe. In [der] abscheulichen [Frage], was [...] an Hegel der Gegenwart etwas bedeute [...], klingt diese Anmaßung mit. Nicht wird die umgekehrte Frage auch nur aufgeworfen, *was die Gegenwart vor Hegel bedeutet* [Hervorhebung von mir]."[1]

Auf unseren Zusammenhang übertragen, wollen wir nun also, Adornos Warnung im Ohr, die Frage aufwerfen, was die Gegenwart vor dem Freud der *Massenpsychologie und Ich-Analyse* bedeutet.

„Das merkwürdigste und zugleich wichtigste Phänomen der Massenbildung ist nun", schreibt Freud in Anlehnung an den

Psychologen William McDougall in der *Massenpsychologie*, „die bei jedem Einzelnen hervorgerufene *Steigerung der Affektivität* [...]. Man kann sagen [...], daß die Affekte der Menschen kaum unter anderen Bedingungen zu solcher Höhe anwachsen, wie es in einer Masse geschehen kann, und zwar ist es eine genußreiche Empfindung für die Beteiligten, sich so schrankenlos ihren Leidenschaften hinzugeben und dabei in der Masse aufzugehen, das Gefühl ihrer individuellen Abgrenzung zu verlieren. Dies Mitfortgerissenwerden der Individuen erklärt McDougall [...] durch [...] Gefühlsansteckung. Die Tatsache ist die, daß die wahrgenommenen Zeichen eines Affektzustandes geeignet sind, bei dem Wahrnehmenden automatisch denselben Affekt hervorzurufen. Dieser automatische Zwang wird umso stärker, an je mehr Personen gleichzeitig derselbe Affekt bemerkbar ist. Dann schweigt die Kritik des Einzelnen und er läßt sich in denselben Affekt gleiten. Dabei erhöht er aber die Erregung der anderen, die auf ihn gewirkt hatten, und so *steigert sich die Affektladung der Einzelnen durch gegenseitige Induktion* [Hervorhebungen von mir].“[2]

Um nun zu untersuchen, wie wir Gegenwärtigen, frei nach Adorno, vor dem Freud der *Massenpsychologie* „dastehen“, machen wir am besten einen Sprung in die Gegenwart, zu einigen der erwähnten, für den aktuellen identitätspolitisch geprägten Kunstdiskurs exemplarischen Debatten, die überwiegend im Internet stattfinden.

„Exekution ist keine Kunst!“ lautete ein Protestschild gegen *Scaffold*, eine Installation des US-Künstlers Sam Durant, die im Park des renommierten Walker Centers in Minneapolis aufgestellt worden war – ein Holzgerüst als kritische Anspielung auf den Galgen als eine „für die US-amerikanische Geschichte zentrale Architektur“[3]. *Scaffold* ließ sich zwar als allgemeiner kritischer Hinweis auf die Praxis der Exekution durch Erhängen in der Geschichte der Vereinigten Staaten interpretieren. Die Proteste verstanden die Installation aber ausschließlich als Anspielung auf die größte Massenhinrichtung in der US-Geschichte, die Exekution von achtunddreißig Angehörigen der Dakota nach der Niederschlagung des sogenannten Sioux-Aufstands 1862 im unweit von Minneapolis gelegenen Mankato (offenbar, weil in der Installation unter anderem auch eine Replikation jener Galgen integriert war, an denen damals Angehörige der Dakota aufgehängt worden waren) – und führten am Ende dazu, dass sich Durant veranlasst sah, den Forderungen der Protestierenden nachzukommen und sein eigenes Kunstwerk begraben zu lassen.[4]

Beim zweiten exemplarischen Fall einer identitätspolitisch motivierten Kunstdebatte, den ich erwähnen möchte, handelt es sich um die Kontroversen rund um das Bild *Open Casket*, das 2017 in der Whitney-Biennale in New York präsentiert wurde. Die – schwarze – britische Künstlerin Hannah Black forderte damals, das Bild der – weißen – Malerin Dana Schutz, inspiriert von der Fotografie der Leiche des 15-jährigen 1955 von weißen Rassisten gelynchten schwarzen Jungen, Emmett Till, nicht nur aus der Whitney-Biennale in New York zu entfernen, sondern auch zu zerstören. „I am writing to ask you", schreibt Black an die Adresse der Kuratoren der Whitney-Biennale, „to remove Dana Schutz's painting ‚Open Casket' and with the urgent recommendation that the painting be destroyed and not entered into any market or museum". Denn, so Black, „the subject matter is not Schutz'" – das Thema „gehöre" nicht Dana Schutz. Auch dieser Fall wurde im Internet, vor allem auf Twitter, intensiv diskutiert.[5]

Wenn wir – bevor wir uns am Ende des Vortrags mit einem Fall einer identitätspolitisch geprägten Literatur-Debatte beschäftigen – die erwähnten beiden Debatten mit der zitierten Stelle aus der *Massenpsychologie* konfrontieren, fällt Freuds Rede von der *Steigerung der Affektivität* ins Auge und davon, dass „es eine *genußreiche* Empfindung" sein kann, „sich so schrankenlos [seinen] Leidenschaften hinzugeben und in der Masse aufzugehen", sowie seine Rede von der „Steigerung der Affektladung der Einzelnen durch gegenseitige Induktion", die er „Gefühlsansteckung" nennt.

Allerdings sind die „Massen“, mit denen wir in Zusammenhang mit der Sam-Durant- oder der Dana-Schutz-Debatte im Internet konfrontiert sind, von anderer Art als jene, die der Freud der Massenpsychologie und seine geistigen Vorgänger wie McDougall oder Le Bon im Blick hatten. Und es stellt sich die Frage, ob die Behauptung, das Internet sei ein Medium, das wie kein anderes Massen zu mobilisieren vermag, nicht eigentlich absurd ist. Schon aus dem trivialen Grund, weil das Internet von hochgradig isolierten Individuen in Wohnzimmern konsumiert wird oder im öffentlichen Raum via Smartphones, wo die Internet-User aber signalisieren, dass sie von ihren, mit Freud zu sprechen, *Nebenmenschen* nicht gestört werden möchten – so dass man versucht ist, auf solche via Internet mobilisierten Massen den paradoxen Begriff „atomisierte Massen“ anzuwenden.

Lassen wir diese Frage aber zunächst einmal im Raum stehen – wir werden auf sie zurückkommen – und kehren wir zum Freud'schen Text zurück, um ihn mit der Frage zu konfrontieren, wie es denn überhaupt dazu kommt, dass die Affekte in der Masse „zu solcher Höhe anwachsen“, ob sich in Freuds *Massenpsychologie* also eine *nähere Bestimmung* des Zusammenhangs zwischen der Massenbildung und Phänomenen wie jener „genußreichen und schrankenlosen Hingabe der Beteiligten an ihre Leidenschaften“ finden lässt.

Tatsächlich begegnen wir dieser näheren Bestimmung im IV. Kapitel der *Massenpsychologie*, in dem Freud, ausgehend von der Hypothese, „daß Liebesbeziehungen das Wesen der Massenseele ausmachen“, den Versuch unternimmt, die Massenpsychologie libidotheoretisch zu erklären – um dann im V. und schließlich im XII. Kapitel den libidotheoretischen Ansatz auf zwei von Freud sogenannte künstliche oder stabile Massen anzuwenden, nämlich auf die Kirche und auf das Heer. In der näheren Bestimmung der Libidostruktur der Anhänger der Kirche spricht Freud von zwei – durch die Massenbildung gegebene – Libidopositionen: zum einen von der *Objektliebe* zu Christus (genauer von der Ersetzung des sogenannten Ich-Ideals durch das Objekt Jesus Christus), zum anderen von der *Identifizierung* mit den anderen Christen. Eine analoge Libidostruktur existiert, Freud zufolge, auch beim Heer: einerseits die Identifizierung mit den anderen Soldaten, zum anderen die Liebe zum idealisierten Feldherrn.

„Jeder Christ", schreibt Freud, „liebt Christus als sein Ideal und fühlt sich den anderen Christen durch Identifizierung verbunden. Aber die Kirche fordert von ihm mehr. Er soll überdies sich mit Christus *identifizieren* und die anderen Christen lieben. Die Kirche fordert also an beiden Stellen die Ergänzung der [...] Libidoposition. Die Identifizierung soll dort hinzukommen, wo die Objektwahl [i.e. die die Objektliebe zu Christus, Anm. von mir] stattgefunden hat, und die Objektliebe dort, wo die Identifizierung besteht [Hervorhebung von mir]."[6]

Die Libidoposition des christlichen Subjekts Christus gegenüber ist also oder sollte eine doppelte sein: zum einen durch die Objektliebe zu Christus bestimmt, zum anderen durch die Identifizierung mit ihm. Oder, um es in der Sprache der zweiten Freud'schen Triebtheorie zu sagen, die Freud 1914 in *Zur Einführung des Narzißmus* entwickelt hatte: Für den idealtypischen Gläubigen ist Christus sowohl mit *Objektlibido* besetzt als auch (qua Identifizierung) mit *narzisstischer* Libido.

Ich behaupte nun, dass diese Libidoposition des Christenmenschen Christus gegenüber eine für unseren Zusammenhang interessante und erhellende Analogie zur Libidostruktur der Vertreter der Identitätspolitik aufweist. Und möchte zur Veranschaulichung meiner These eine – aus Zeitgründen verkürzte – *Genealogie des identitätspolitischen Denkens* entwerfen. Ich stütze mich dabei auf den linken syrischen Autor *Sami Alkayial*, dessen Thesen über die sozioökonomischen Hintergründe der Geburt linker respektive „linker" identitätspolitischer Diskurse ich für eine gute Diskussionsgrundlage über dieses Thema halte, auch wenn mir das eine oder andere Argument Alkayials kritikwürdig erscheint.

„Mit dem Eintreten der kapitalistischen Gesellschaften in das postindustrielle Zeitalter [Ende der 1970er Jahre]“, sagt Alkayial, „ging die *schwindende Bedeutung der Arbeiterklasse in der sozialen Produktion* einher. Die Schließung der Fabriken und Minen in den Industriestädten Großbritanniens oder im deutschen Ruhrgebiet stellte das Ende einer Welt dar, der die traditionelle Linke angehörte. In einem Kapitalismus der, mit David Harvey zu sprechen, ‚flexiblen Akkumulation‘, der sich auf kleinere Produktionsstätten bezieht und in dem der Dienstleistungssektor sowie die Produktion von Konsumgütern, Informationen und Kommunikationsmitteln eine viel größere Rolle spielen, gibt es keinen Raum mehr für eine leitende oder breit vertretene Klasse.“[7]

Die Rede von der „schwindenden Bedeutung der Arbeiterklasse“ und von einem „Kapitalismus der flexiblen Akkumulation“ scheint mir allerdings problematisch, weil nicht weit weg von Behauptungen à la „Es gibt keine Arbeiterklasse mehr“ oder radikaler: „Es gibt kein Kapitalverhältnis mehr“– ich würde daher diese Thesen Alkayials als Beschreibung der Entwicklung der *Subjektsicht* vieler linker und progressiver Akteurinnen und Akteure *in Reaktion auf reale sozioökonomische Veränderungen* lesen. Denn: Dass es in der subjektiven Sicht vieler linker Akteurinnen und Akteure auf die erwähnten objektiven sozioökonomischen Veränderungen seit den späten 1970ern zu einer schwindenden Bedeutung der Arbeiterklasse respektive des Konzepts der Klasse an sich gekommen ist, dürfte unbestritten sein.

Diese Entwicklungen, so Alkayial, führten zu einer existentiellen Krise im Denken und im Handeln der Linken. Bis dahin war die Emanzipation der Arbeiterklasse im Bewusstsein vieler Linker eng mit jener der *ganzen* Gesellschaft verknüpft – also auch mit der Emanzipation anderer unterdrückter und marginalisierter Gruppen, etwa der Frauen oder der Afroamerikaner in den USA, zum Teil auch der Homosexuellen. Auf der anderen Seite vertraten auch viele Vertreter ebendieser Gruppen linke Positionen. Prominentes Beispiel ist Martin Luther King, der sich etwa, was nicht allzu bekannt ist, am 3. April 1968 in Memphis aufhielt, um bei einer Massenkundgebung zur Unterstützung streikender Müllmänner zu einem Generalstreik aufzurufen, der ganz Memphis lahmlegen sollte. Tags darauf wurde er auf dem Balkon seines Hotels erschossen.

Mit der „schwindenden Bedeutung der Arbeiterklasse" in den Köpfen vieler Linker begann sich nun aber, Alkayial zufolge, die Verbindung zwischen den Anliegen jener unterdrückten Gruppen und den Forderungen der Arbeiterklasse im Denken und im Handeln progressiver Akteure aufzulösen. Linke und Vertreter jener Gruppen gingen zunehmend getrennte Wege. Und je mehr das Konzept der Arbeiterklasse an „diskursivem Gewicht" verlor, umso gewichtiger schien der Diskurs über jene marginalisierten Gruppen – um schließlich den gesamten progressiven Diskurs zu dominieren. Mehr noch: Mit der Aufgabe des Konzepts der Emanzipation der Arbeiterklasse als „Schlüsselprojekt" im Gesamtprojekt der Emanzipation der Gesellschaft verblasste die Idee der Befreiung der *ganzen* Gesellschaft als solche. Klassentheoretische Begriffe wurden durch Konzepte und Begriffe in Zusammenhang mit jenen unterdrückten und marginalisierten Gruppen – namentlich der „Identität" jener Gruppen – verdrängt. Das, so Alkayial, war die Geburtsstunde der Identitätspolitik (nota bene: Das Konzept der Klasse soll hier nicht nostalgisch verklärt werden. Auch an diesem gibt es einiges zu kritisieren. Das ist aber nicht unser Thema).

*

Sehen wir uns nun jene Analogie zwischen der Libidoposition des gläubigen Christen gegenüber Christus und der Libidostruktur der Vertreter der Identitätspolitik an. Die oder der idealtypische Gläubige nimmt ja, Freud zufolge, Christus gegenüber zum einen die Position der Objektliebe ein, zum anderen soll er sich – im Sinne der *Imitatio Christi* („Komm und folge mir nach!") – mit ihm auch identifizieren. Diese zweite Libidoposition der Identifizierung entspricht wiederum, gemäß der zweiten Freud'schen Triebtheorie, der Besetzung des Objekts Christus mit *narzisstischer Libido*. Plakativ gesprochen, kommt es bei der Identifizierung mit Christus zu einer „Hineinnahme" des Objekts Jesus Christus in das Ich des Gläubigen, verbunden mit einer *Zunahme an narzisstischer Libido* – auf Kosten von Objektlibido. Übersetzt in die Alltagssprache kommt es zu einer Zunahme an Selbstachtung und Stolz auf Kosten des Interesses an materiellen Objekten der Außenwelt, also am „guten Leben". Denn: Identifizierung mit Christus kann ja nicht nur bedeuten, dass der Gläubige seine Mitgläubigen genauso liebt, wie Christus sie liebt („Was ihr getan habt, einem unter diesen, meinen geringsten Brüdern, das habt ihr mir getan.", heißt es im Matthäusevangelium), es kann auch zum *Stolz* auf die eigene christusgleiche Tugendhaftigkeit führen – verbunden mit narzisstisch-asketischen Idealen. Also mit dem asketischen Verzicht auf das gute Leben und dem Stolz auf diesen Verzicht.

In dieser ihrer narzisstischen Dimension weist nun die Libidoposition der Identifizierung mit Christus eine deutliche Analogie zur Libidoposition der Vertreterinnen und Vertreter der Identitätspolitik gegenüber „ihrem" Kollektiv auf. Ich behaupte, dass es Vertretern der Identitätspolitik nicht, wie es ein Gerücht wissen will, um die Beseitigung von Ungerechtigkeit und Unterdrückung und die reale Verbesserung der sozialen Situation „ihres" Kollektivs zu tun ist (ein solches Interesse an einer realen materiellen Verbesserung würde der objektlibidinösen Position entsprechen). Sondern, geradezu im Gegenteil, um den – narzisstischen – Gewinn, der sich aus der *bloßen Thematisierung* der Unterdrückung jener Kollektive *für sie selbst* ergibt. Diese narzisstisch besetzte Thematik und das „exklusive Eigentumsrecht" darauf hüten Identitätspolitikerinnen und -politiker vom Schlage der eingangs erwähnten Hannah Black eifersüchtig wie einen Schatz. Die triviale Frage, woher Vertreterinnen und Vertreter der Identitätspolitik (in diesem Fall die zum Zeitpunkt der Kontroverse in Berlin lebende Britin Hannah Black) die Legitimation beziehen, für die Angehörigen „ihres" Kollektivs (in diesem Fall für Millionen von Afroamerikanerinnen und Afroamerikanern in den USA) zu sprechen, wird meines Wissens kaum je gestellt.

Zu Ende gedacht, läuft Identitätspolitik, wie der afroamerikanische politische Theoretiker Adolph L. Reed eindrücklich gezeigt hat, auf die Festschreibung von Diskriminierung hinaus. Reed schreibt seit Jahrzehnten gegen den „race reductionism"[8] und jene Identitätspolitik an, die Afroamerikanerinnen und Afroamerikaner unter Ausblendung der Klassenfrage als homogene Masse darstellt und deren Nutznießer, wie er schon 1979 für den Zeitraum zwischen den (späten) 1960ern und dem Ende der 1970er Jahre nachweisen konnte, schwarze Eliten waren – und heute noch sind. Während sich die soziale und ökonomische Lage unterprivilegierter Afroamerikaner (Reed zieht die Parameter Beschäftigung, Kaufkraft, Wohnqualität und Lebenserwartung heran) im selben Zeitraum weiter verschlechterte.[9]

Auch und gerade in ihrer Begegnung mit Kunst bleiben Vertreterinnen und Vertreter der Identitätspolitik, sofern das Dargestellte bestimmte mit „ihrem" Kollektiv in Zusammenhang stehende Affekte auf narzisstisch-kränkende Weise zu „triggern" scheint, an ihrem Ich fixiert – einem Ich, das seinerseits mit einem imaginären Kollektiv identifiziert ist. Wobei als „kränkend" oft schon die Tatsache empfunden wird, dass jemand, die oder den ich nicht zu „meinem" Kollektiv zähle, sich anmaßt, sich künstlerisch mit „meinem" Kollektiv zu beschäftigen. Die durch das narzisstisch verletzende Kunstwerk ausgelösten – geradezu kathartisch ausgelebten – Affekte, die unlustvoll zu sein scheinen, können in Wahrheit genussreich sein. Wir erinnern uns: Freud spricht von einer „genußreiche-[n] Empfindung, [...] sich [...] schrankenlos [seinen] Leidenschaften hinzugeben". Genussreich aber im Sinne einer *neurotischen* Lust.

„[A]lle neurotische Unlust", schreibt Freud in *Jenseits des Lustprinzips*, „ist Lust, die nicht als solche empfunden werden kann".[10] Das erinnert übrigens an Gilles Deleuze, der – im Rückgriff auf Spinozas Bestimmung der *Tristitia*, also der *Trübsal* oder der Unlust, als einer Leidenschaft (*Passio*)[11] – von *trübsinnigen Leidenschaften* spricht, welche die Massen dazu treiben würden, sich mit Leidenschaft gegen ihre eigenen Interessen und für ihre Knechtschaft zu engagieren[12].

*

Kommen wir nun auf die Frage zurück, inwiefern wir im Zusammenhang mit den durch das Internet mobilisierten Massen überhaupt von Massen sprechen können. Dabei geht es ja nicht nur darum, dass die Angehörigen der „Internet-Masse" räumlich voneinander isoliert sind. Charakteristisch für die Masse in der Digitalmoderne ist, dass ihre Angehörigen sich gerade nicht als Angehörige einer Masse empfinden wollen, sondern als *einzigartig*. Was durch die seit Jahrzehnten in der Werbung, in der Kulturindustrie, in der populärpsychologischen Ratgeberliteratur etc. allgegenwärtigen narzisstischen *Imperative der Authentizität* bezeugt und befördert wird, die da lauten: „Sei du selbst", „Glaub an dich", „Verwirkliche dich selbst" usw.

Das Resultat dieses Strebens nach Einzigartigkeit ist aber nicht eine Vielzahl von tatsächlich einzigartigen Individuen, die, gleichsam als Künstlerinnen und Künstler ihres Ichs, sich selbst immer wieder neu erschaffen würden, sondern – wenn wir etwa die Szene der sogenannten You-Tube-Influencer betrachten – narzisstische Langeweile. Eine langweilige Monotonie oder, um der Musiktheorie einen Begriff zu entwenden, Oligotonie von wenigen massenhaft vorkommenden Typen. Diese Typen sind dann über die sozialen Medien im Internet gut erfassbar und Objekt diverser Manipulationsversuche. Michael Kosinski, ein

Entwickler jener psychometrischen Methoden, deren sich Firmen wie die berühmt-berüchtigte *Cambridge Analytica* bedienen, meinte in einem Interview, dass „schon wenige Facebook-Likes ausreichen, um ziemlich genaue Aussagen über [...] [Ihre] Persönlichkeit zu treffen. So ab, sagen wir, 240 Likes sogar besser als Ihre Frau."[13] „Je genauer man den Einzelnen charakterisiert, desto deutlicher erkennt man, was er mit vielen anderen gemeinsam hat"[14], schreiben Gunter Gebauer und Sven Rücker. Was sie alle gemeinsam haben, ist zuallererst das narzisstische Streben danach, nichts anderes zu sein und darzustellen als das eigene „authentische Ich". „You're so special – just like anybody else"[15] ist der Titel eines Songs von Matthew Herbert, der diesen Zusammenhang sehr schön auf den Punkt bringt.

Freud, schreibt Adorno, sei „paradoxerweise in den innersten psychologischen Zellen auf Gesellschaftliches gestoßen", unter anderem auf „primitive Hordenformen"[16]. Und in der *Massenpsychologie* meint Freud: „Die Masse erscheint uns [...] als ein Wiederaufleben der Urhorde". Freud und Adorno zufolge stoßen wir also, im Unbewussten jedes Einzelnen, im Innersten seines „authentischen Ichs", paradoxerweise auf dessen Gegenteil: auf die Masse. Freuds Rede vom „inneren Ausland", die das Unbewusste nicht nur als Ausländisch-Fremdes, sondern auch als Äußerliches charakterisiert, und Lacans Begriff der *Extimität* scheinen auf denselben Zusammenhang zu verweisen. Wenn ich, in narzisstischer Weise, nichts als mein eigenes „authentisches Ich" gelten lasse, mich also nicht an historisch entwickelten, gesellschaftlich gültigen Formen und Normen des „äußeren Auslands" (sprich: der äußeren Realität der Gesellschaft) orientiere, sondern an meinen je eigenen „innersten psychologischen Zellen", dann resultiert daraus gerade nicht ein unverwechselbares Ich, sondern die Regression zu einem – archaischen – „Massen-Ich".

Diese „Tyrannei der Intimität", verbunden mit dem Verfall der öffentlichen Sphäre, die Richard Sennett bereits in den 1970er

Jahren beklagte[17], hat sich in der Digitalmoderne radikalisiert, so dass wir heute mit einer „Narzissifizierung" der Öffentlichkeit und der Bildung von virtuellen Teil-Massen oder Teil-Öffentlichkeiten, besser bekannt als Filterblasen des Internets, konfrontiert sind. Mit einer zunehmenden Privatisierung der öffentlichen Sphäre und deren Zerfall in privatisierte Teil-Öffentlichkeiten, die den narzisstischen Interessen, Anschauungen und Bedürfnissen ihrer Nutzer entgegenkommen – und ihrerseits die narzisstische Abkapselung der Einzelnen befördern.

Befördert wird das narzisstische Prinzip in der Digitalmoderne auch durch den Umstand, dass die magische Vorstellung von der Allmacht der Gedanken in Internet-Plattformen und in den sozialen Medien, wo jede/r in kürzester Zeit und auf gleichsam magische Weise potentiell Millionen Menschen zu erreichen vermag, sich beinahe verwirklicht findet. Im Internet, so Gebauer und Rücker, hat (potentiell) jede/r „die Macht, die zuvor nur einige wenige hatten: der Masse eine Richtung zu geben", so dass im Internet potentiell jede/r ein Führer sein kann.

Hier könnte man aber einen Schritt weiter gehen und behaupten, dass sich ein Gedanke, den Freud im V. Kapitel der *Massenpsychologie* kurz anreißt und im VI. Kapitel ein wenig vertieft, nämlich der von einem „möglichen Ersatz des Führers durch eine führende *Idee* [Hervorhebung von mir]"[18], in der Digitalmoderne auf beinahe unheimliche Weise verwirklicht findet. Gerade bei identitätspolitischen Debatten (im Internet) begegnen wir ja mitunter dem seltsamen Phänomen, dass sich, pointiert gesagt, kein real existierendes Subjekt als Träger des leitenden Gedankens einer bestimmten Debatte identifizieren lässt. So stellte sich in der Debatte über die Frage, wer das Inaugurationsgedicht der jungen afroamerikanischen Dichterin Amanda Gorman übersetzen darf (das ist die angekündigte dritte identitätspolitische Kunst-Debatte, genauer Literatur-

respektive Übersetzungs-Debatte), nachträglich heraus, dass Janice Deul, jene Modejournalistin, die die Diskussion durch einen auf Holländisch verfassten Artikel losgetreten hatte, in diesem Artikel weder – wie immer wieder kolportiert – behauptet hatte, dass nur Schwarze in der Lage seien, Gormans Gedicht zu übersetzten, noch gefordert hatte, dass nur Schwarze berechtigt sein sollten, dies zu tun[19]. Allerdings – und das ist entscheidend – hatte diese (von niemandem vertretene) „führende Idee" sehr reale Folgen. So als hätte diese *Idee ohne Träger* eine Masse mobilisiert, die, um mit dem Freud der *Massenpsychologie* zu sprechen, „den Eindruck einer unbeschränkten Macht und einer unbesiegbaren Gefahr"[20] machen würde: Die Folge war, dass die weiße non-binäre holländische Übersetzerin Marieke Lucas Rijnefeld von dem Übersetzungsauftrag zurücktrat, den sie von Gorman selbst erhalten hatte. Und dass einem katalanischen Übersetzer, der beauftragt worden war, das Gedicht zu übersetzten, der Auftrag vom selben Verlag wieder entzogen wurde – mit der Begründung, er hätte „das falsche Profil".

Die englische Version dieses Vortragsmanuskripts erscheint in dem 2024 von Daniela Finzi und Jeanne Wolff Bernstein bei Leuven University Press herausgegebenen Band *Thoughts for the Times on Groups and Masses. A Sigmund Freud Museum's Symposium*

1 Theodor W. Adorno, *Drei Studien zu Hegel*. In ders.: *Zur Metakritik der Erkenntnistheorie. Drei Studien zu Hegel*, Frankfurt am Main 2003, S. 251

2 Sigmund Freud, *Massenpsychologie und Ich-Analyse*. In ders.: Gesammelte Werke, Bd XIII, Frankfurt am Main 1999, S. 91

3 *Dies ist keine Exekution*, Frankfurter Allgemeine Zeitung, 21. Juni 2017

4 Siehe auch Sama Maani, *„Exekution ist keine Kunst!"*. In ders., *Warum ich über den Islam nicht mehr rede*, Klagenfurt 2022

Um Missverständnisse zu vermeiden: Es geht hier selbstverständlich nicht um „die Kunstauffassung der Angehörigen der Dakota". Positionen dieser Art begegnet man in den Kunstdebatten der letzten Jahre immer wieder und sie werden, etwa in den USA, sowohl von Angehörigen der weißen Mehrheit als auch von jenen nicht-weißer Minderheiten vertreten.

5 https://www.artnews.com/artnews/news/the-painting-must-go-hannah-black-pens-open-letter-to-the-whitney-about-controversial-biennial-work-7992/

6 Sigmund Freud, *Massenpsychologie und Ich-Analyse.* In ders.: Gesammelte Werke, Beiden XIII, Frankfurt am Main 1999, S. 150 f

7 https://www.rosalux.de/news/id/14388/der-krieg-in-syrien-und-die-krise-der-linken-traditionen

8 https://daily.jstor.org/adolph-reed-jr-the-perils-of-race-reductionism/

9 https://libcom.org/article/black-particularity-reconsidered-adolph-l-reed-jr

10 Sigmund Freud, *Jenseits des Lustprinzips.* In ders.: Gesammelte Werke, Bd XIII, Frankfurt am Main 1999, S.7

11 Baruch Spinoza, *Ethik*, Leipzig 1982, S. 146

12 Gilles Deleuze, *Spinoza. Praktische Philosophie*, Berlin 1988, S. 27

13 Gunter Gebauer/Sven Rücker, *Vom Sog der Massen und der neuen Macht der Einzelnen*, München 2019, S. 245

14 Ebd.

15 Zitiert ebd.

16 Theodor W. Adorno, Soziologische Schriften I. In: ders., Gesammelte Schriften, Bd 8, Frankfurt am Main 2003, S. 88

17 Richard Sennett, *Verfall und Ende des öffentlichen Lebens. Die Tyrannei der Intimität*, Berlin 2008

18 Sigmund Freud, *Massenpsychologie und Ich-Analyse.* In ders.: Gesammelte Werke, Bd XIII, Frankfurt am Main 1999, S. 103

19 https://taz.de/Debatte-um-Gedicht-von-Amanda-Gorman/!5758644/

20 Sigmund Freud, *Massenpsychologie und Ich-Analyse*, S. 91 f.

„Ich war gerade im Iran ..."[1]

„Ich war gerade im Iran,", sagt die Dolmetscherin in der *Österreich Bibliothek* in Poznań, nachdem sie sich vorgestellt und mitgeteilt hat, daß sie die Diskussion nach der Lesung aus meinem Roman *Žižek in Teheran* aus dem Deutschen ins Polnische übersetzen wird, „ich war gerade im Iran und habe ein Geschenk für Sie." Und noch bevor ich meiner Verwirrung Ausdruck geben und die vielen Fragen, die mir in Sekundenschnelle durch den Kopf schießen, stellen kann („Warum waren Sie im Iran? Beruflich? Aber Sie sind Polnisch-Deutsch-Übersetzerin, das hat doch mit dem Iran nichts zu tun – also touristisch? Aber jetzt[2], da eine revolutionäre Protestwelle über das Land rollt, die das Regime brutal zu unterdrücken versucht (auf den Straßen wird geschossen, es gab schon hunderte Tote)? Und ein Geschenk? Für mich?"), noch bevor ich also den Mund aufmachen kann, legt sie mir ein kleines, rechteckiges Ding in die Hand, ein *Fruchtzuckerl*, wie man in Wien sagen würde, mit Pfirsichgeschmack (in Deutschland sagt man *Fruchtbonbon*, glaube ich), auf das jemand mit einer Heftklammer einen schmalen rosaroten Streifen Papier befestigt hat, mit einer kleinen handgeschriebenen Aufschrift – auf Persisch.

Ich bedanke mich höflichst und freundlichst, während ich versuche, in dem Halbdunkel, in dem wir uns befinden, die kleine persische Schrift zu entziffern, da legt sich eine Hand auf meine linke und gleich darauf eine zweite auf meine rechte Schulter. Aleksandra Wiśniewska und Anna Szewczuk, die beiden für die Österreich Bibliothek zuständigen Damen, weisen mich sanft, aber mit Bestimmtheit darauf hin, daß wir mit der Lesung beginnen sollten.

Während der wunderbaren Einleitung der Germanistikprofessorin Beate Sommerfeld und der Lesung aus meinem Roman, der unter anderem von Fragmenten einer geheimnisvollen Schrift handelt, die in der halbfiktiven „Islamischen Republik Teheran“ kursieren und deren Lektüre bei empfänglichen männlichen Lesern zu einer magischen „Verweiblichung“ führt (in weiterer Folge kommt es zu einer Revolution der Frauen gegen ebendiese Islamische Republik), muß ich ständig an die kleine, geheimnisvolle Schrift auf dem rosa Papierstreifen denken, die ich im Halbdunkel nicht zu entziffern vermochte.

Nach der Lesung will ich mich an die Dolmetscherin wenden, um mich für die perfekte Übersetzung (daß ich, obwohl des Polnischen unkundig, glaube, die Qualität der Übersetzung beurteilen zu können, wundert mich selbst. Es liegt wohl an der Promptheit, mit der die Übersetzung den Fragen und den Antworten folgt, und der Souveränität, die die Dolmetscherin ausstrahlt) und für das Fruchtzuckerl zu bedanken und um endlich herauszubekommen, was sie ausgerechnet jetzt ausgerechnet in den Iran geführt haben mag, und beginne in den Seiten- und in den Brusttaschen meines Sakkos sowie in den Hosentaschen, wo ich das Fruchtzuckerl in der Hitze des Gefechts vermutlich hingesteckt habe, zu wühlen. Aber die Dolmetscherin ist in der Menge verschwunden.

Aus dem Halbdunkel der Publikumszone tritt jetzt eine junge polnische Studentin der Germanistik heraus und fragt in akzentfreiem Deutsch, wie denn die Fragmente jener magischen Schrift, von denen im Roman die Rede ist, den Weg zu den empfänglichen männlichen Lesern finden. Das ist eine Frage, die ich nicht ohne Nachdenken zu beantworten vermag, habe ich doch achteinhalb Jahre an *Žižek in Teheran* geschrieben, dessen Publikation anderthalb Jahre zurückliegt, so daß ich viele Details schon wieder vergessen habe. Beim Nachdenken ertaste ich in meiner linken Hosentasche das Fruchzuckerl, ziehe es heraus und präsentiere es – einem Impuls folgend – der Studentin.

„Zum Beispiel so.“

Wir beugen uns über die persische Schrift auf dem rosa Papierstreifen, die ich im helleren Licht der Podiumszone endlich zu entziffern vermag und spontan ins Deutsche übersetze:

„Dein Haar ist schön, dein Mut ist noch schöner."

Die Studentin schaut mich perplex an, ich selbst bin nicht minder verwirrt – da taucht die Dolmetscherin wie aus dem Nichts wieder auf, sieht das Fruchtzuckerl in meiner Hand, zückt ihr Smartphone und zeigt uns Bilder, die sie im schönen Isfahan, dem Florenz des Iran, zusammen mit zahlreichen Iranerinnen zeigen. Weder die Iranerinnen noch die Dolmetscherin tragen ein Kopftuch. Solche auf Fruchtzuckerln geheftete Parolen, so die Dolmetscherin, würden im Iran in großer Zahl produziert, um den Frauen, die es wagen, ohne Kopftuch in der Öffentlichkeit zu erscheinen und so ein Zeichen gegen das frauenfeindliche islamische Regime zu setzen, Mut zu machen. Sagt es und verschwindet wieder im Halbdunkel.

Später, beim Abendessen mit Aleksandra Wiśniewska, Anna Szewczuk und Beate Sommerfeld, in der von Jugendlichen übervölkerten Pizzeria in der Altstadt, fehlt die Dolmetscherin. Keine der Anwesenden kennt sie und weiß, was sie ausgerechnet jetzt ausgerechnet in den Iran geführt haben mag.

1 In alter Rechtschreibung

2 Die Lesung in der Österreich Bibliothek in Poznań fand am 16. November 2022 statt.

www.drava.at